CPSIA information can be obtained
at www.ICGtesting.com
Printed in the USA
BVHW011523030322
630567BV00006B/238

9 780578 340975

آموزش زبان فارسی ۱
آشنایی با الفبا، خواندن و نوشتن مقدماتی

Perfect Your Persian 1
Intro to Persian Alphabet, Reading, and Writing

تهیه و تدوین: مدرسه فارسی شیکاگو
Created by the Chicago Persian School

Chicago Persian School is a registered not-for-profit organization in the state of Illinois, USA, with the mission of providing a comprehensive education in Persian language and culture to any interested individual, regardless of their race, gender, nationality, religion, or ethnic background. Since 2007, Chicago Persian School has endeavored to offer a rich and innovative language curriculum to children and adult learners by cultivating all their language comprehension, reading, writing, listening, and speaking skills from beginner through advanced levels. Armed with years of experience in the field of bilingual education and a passion for preserving the Persian language and Iranian culture, Chicago Persian School has developed original Persian language textbooks and teaching approaches for heritage and non-heritage learners.

Perfect Your Persian 1
Intro to Persian Alphabet, Reading, and Writing

Created by the Chicago Persian School
Publisher: Chicago Persian School
ISBN: 978-0-578-34097-5
First Edition, Winter 2022
Cover Design: Payman Shay
Freepik.com resources were used for cover design
Special thanks to: Samaneh Khoshini, Shabnam Khosravi, Golnoosh Rasoulifar, Rofeideh Mansourian, Soraya Kendy, Negar Mansourian-Hadavi

آموزش زبان فارسی ۱
آشنایی با الفبا، خواندن و نوشتن مقدماتی

تهیه و تدوین: مدرسه فارسی شیکاگو
ناشر: مدرسه فارسی شیکاگو
شابک: ۵-۳۴۰۹۷-۵۷۸-۰-۹۷۸
چاپ اول، زمستان ۱۴۰۰
طراح جلد: پیمان شیخ الاسلام
با تشکر فراوان از همکاران:
سمانه خوشینی، شبنم خسروی،
گلنوش رسولی‌فر، ثریا کندی،
رفیده منصوریان، نگار منصوریان‌هادوی

www. chicagopersianschool.org | publications@chicagopersianschool.org

Copyright © 2021, All rights reserved
حق چاپ و نشر محفوظ و متعلق به مدرسه فارسی شیکاگو می‌باشد.

فهرست

سلام ۶
الفبای فارسی ۷
درس ۱ صداها ۸
درس ۲ قطار الفبا و حرف ب ۱۶
درس ۳ ب و صداهای بلند ۲۳
درس ۴ ب و صداهای کوتاه ۲۹
درس ۵ حرف ن ۳۶
درس ۶ حرف د ۴۲
درس ۷ حرف ر ۴۸
درس ۸ حرف م ۵۴
درس ۹ حرف س ۶۰
درس ۱۰ حرف ت ۶۶
درس ۱۱ حرف ک ۷۳
درس ۱۲ حرف ز ۸۰
درس ۱۳ حرف ش ۸۶
درس ۱۴ حرف و ۹۳
درس ۱۵ حرف پ ۱۰۰
درس ۱۶ حرف خ ۱۰۶
درس ۱۷ حرف ی ۱۱۱
درس ۱۸ حرف ف ۱۱۶
درس ۱۹ حرف ق ۱۲۱
درس ۲۰ حرف گ ۱۲۸
درس ۲۱ حرف ج ۱۳۳
درس ۲۲ حرف ه ۱۳۸
درس ۲۳ حرف چ ۱۴۴
درس ۲۴ حرف ل ۱۴۹
درس ۲۵ حرف خوا ۱۵۵
درس ۲۶ حرف ژ ۱۶۰
درس ۲۷ تشدید ۱۶۵
درس ۲۸ حرف ع ۱۷۰
درس ۲۹ حرف ص ۱۷۶
درس ۳۰ حرف ض ۱۸۱
درس ۳۱ حرف ح ۱۸۶
درس ۳۲ حرف ط ۱۹۱
درس ۳۳ حرف ظ ۱۹۶
درس ۳۴ حرف ث ۲۰۲
درس ۳۵ حرف غ ۲۰۷
درس ۳۶ حرف ذ ۲۱۲

مقدمه

مدرسه فارسی شیکاگو از سال ۲۰۰۷ تا کنون پیشرو آموزش زبان فارسی به عنوان زبان دوم به کودکان و بزرگسالان علاقه‌مند بوده است. این موفقیت حاصل استفاده از روش‌های نوین و خلاق آموزش زبان و فرهنگ بوده است. دستاورد این تجربیات ارزشمند و بینش فراگیر از فرایند زبان آموزی در کودکان، راهگشای ما در فراهم آوردن منابع درسی مورد نیاز برای آموزش موثر زبان فارسی به زبان آموزان با و یا بدون درک بومی بوده است.

روش‌های آموزشی و مطالب تدوین شده در این کتاب نتیجه‌ی سال‌ها تلاش بی‌وقفه، خلاقیت و تحقیق توسط آموزگاران زبان فارسی مدرسه فارسی شیکاگو است. کیفیت و بازدهی آموزشی دروس این کتاب بارها در کلاس‌های سطح مبتدی سنجیده و توسط آموزگاران مجرب تصحیح و بهینه شده است. حاصل این تلاش‌ها، کتابی جامع برای آموزش خواندن و نوشتن زبان فارسی به آن دسته از زبان آموزان سطح دبستان است که پیشاپیش درک حداقلی از زبان گفتاری فارسی دارند. قابل ذکر است که این کتاب به عنوان یک منبع «خود آموز» نوشته نشده، بلکه فرض نویسندگان بر این است که این کتاب توسط والدین یا آموزگاران آگاه به زبان فارسی تدریس می‌شود.

نویسندگان این کتاب در طی تحقیقاتشان دریافتند که روش‌های قدیمی آموزش زبان فارسی مناسب زبان آموزان غیر بومی نیست[1]. در این کتاب روشی جدید ارائه شده که صداها در ابتدا معرفی و به عنوان چسبی که حروف مجزا را به هم میچسباند و به کلمه تبدیل می‌کند، ارائه می‌شوند. در این روش، آموزش خواندن و نوشتن با معرفی شش صدای اصلی که به دو گروه «صداهای کوتاه» و «صداهای بلند» تفکیک شده‌اند، شروع می‌شود. آموزش مابقی حروف الفبا بعد از کسب مهارت در تشخیص و تلفظ صحیح این شش صدا اتفاق می‌افتاد.

در راستای ساده‌سازی یادگیری اشکال مختلف حروف الفبای فارسی و نحوه‌ی وصل شدن آنها به حروف دیگر در این کتاب، از نماد واگن‌های قطار استفاده شده است. مبنای این رویکرد روش زیربنایی آواشناسی است که هر حرف الفبا را نماد یک صدا در گفتار می‌داند. تحقیقات در حیطه‌ی زبان‌آموزی کودکان، روش آواشناسی را روش برتر آموزش می‌داند[2]. بدون شک سخن گفتن به یک زبان مهارتی مجزا از دانش خواندن و نوشتن همان زبان است. درک و تکلم به یک زبان میتواند به‌صورت طبیعی و با قرار گرفتن در محیط اتفاق بیافتد، در حالی که سواد خواندن و نوشتن تنها از مسیر آموزش حاصل می‌شود.

نویسندگان این کتاب در حین بهره‌گیری از تجربیات گسترده شخصی‌شان در آموزش فارسی به نوآموزان دو زبانه، توجه خاصی به تحقیقات علمی روز در حیطه‌ی زبان‌آموزی کودکان دو یا چند زبانه داشته‌اند. آنان با وجود دقت و تامل فراوانی که برای صحت و وضوح تمامی قسمت‌های این کتاب به خرج داده‌اند، پذیرای پیشنهادات سازنده برای بهینه‌سازی هر چه بهتر این کتاب هستند. امید بر این است که این کتاب منبع کاملی برای آموزش سطح مقدماتی زبان غنی و ارزشمند فارسی باشد.

---

۱. Peyton, Joy Kreeft. Heritage Languages in America: Preserving a National Resource. Center for Applied Linguistics, 2001.

۲. Castles, Anne, et al. "Ending the Reading Wars: Reading Acquisition from Novice to Expert." Psychological Science in the Public Interest, vol. 19, no. 1, 2018, pp. 5–51., https://doi.org/10.1177/1529100618772271.

PREFACE

Since 2007 the Chicago Persian School has offered educational excellence to children and adults who seek to learn Persian as a second language. This has been achieved through an innovative language curriculum complimented by appropriate cultural engagements. Teaching experiences over more than a decade have provided much insight concerning the language acquisition process in children and the most effective teaching resources for heritage versus non-heritage learners.

The original content and teaching approaches presented in this book are the product of years of collaboration, innovation, and exploration by the Persian language educators at the Chicago Persian School. Based on assessing the learning outcomes from numerous iterations of various classroom methodologies, a dedicated team has created and modified this material as representative of the optimal approach. This final product offers a beginner-level Persian language reading and writing textbook that is suitable for school-age Persian language heritage learners. The authors recommend this book as an educational resource for parents and teachers rather than a self-teaching resource.

In their exploratory work the authors noticed that the traditional methods of teaching the Persian language were not suitable for second language heritage learners[1]. Therefore, they developed a novel approach in which vowels are introduced first as the glue that connects letters to create words. The lessons begin with teaching the six essential vowels, categorized into two groups: long vowels and short vowels. Once students are able to correctly pronounce and distinguish all six vowels, the rest of the alphabet is introduced.

This book uses a "train and wagon analogy" to simplify the understanding of letter forms and connectivity formats in Persian language writing for younger learners. As such, this method emphasizes phonics, a bottoms-up systematic approach that represents each letter as a sound of speech. Research on how children learn to read and write has repeatedly rated phonics as superior to other methods[2]. Indeed, speaking a language is very different than language literacy. The former appears to be hardwired whereas the latter is not a natural process.

The creators of this book very consciously endeavored to utilize existing novel research on language acquisition and bilingual education to complement the benefits derived from their years of experience in teaching Persian as a second language to heritage learners. Although they have diligently strived to ensure accuracy and clarity in every aspect of this textbook, suggestions for improvements are most welcome. The ultimate goal is to establish this book as a comprehensive resource for elementary-level Persian literacy for anyone throughout the world who is interested in teaching this rich language to learners of the next generation.

---

1. Peyton, Joy Kreeft. Heritage Languages in America: Preserving a National Resource. Center for Applied Linguistics, 2001.
2. Castles, Anne, et al. "Ending the Reading Wars: Reading Acquisition from Novice to Expert." Psychological Science in the Public Interest, vol. 19, no. 1, 2018, pp. 5–51., https://doi.org/10.1177/1529100618772271.

اِسم:

سلام!
سلام!
من پارسا هستم.
اسم شما چی هست؟
سلام!
سلام لیلا!
من لیلا
هستم.

آ
ب
پ
ت
ث

ج
چ
ح
خ
د
ذ

ر
ز
ژ
س
ش

ص
ض
ط
ظ
ع
غ

ف
ق
ک
گ

ل
م
ن
و
هـ
ی

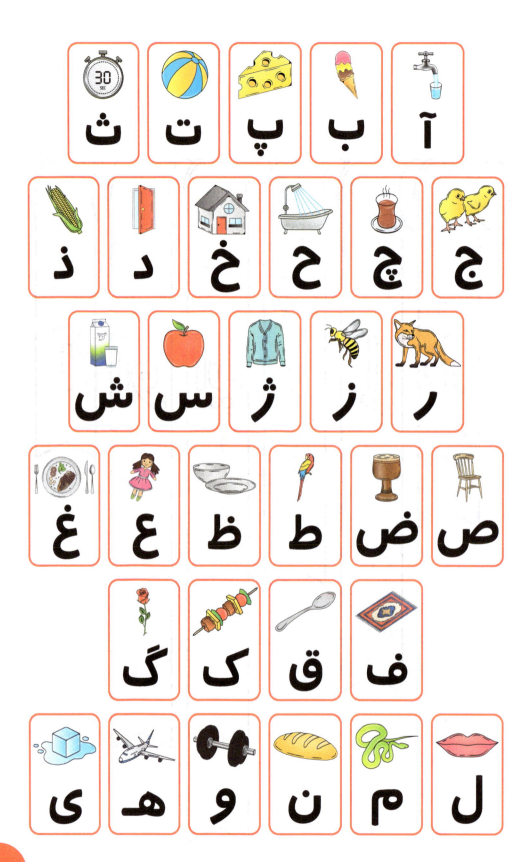

درس ۱

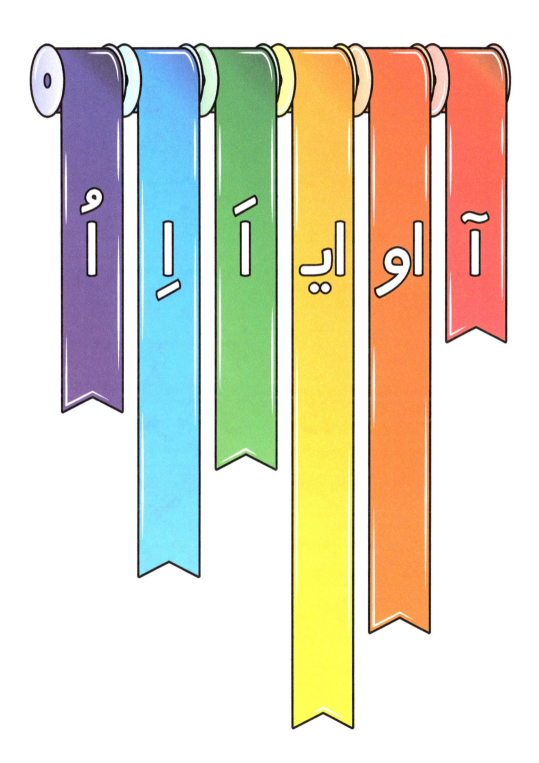

Lesson 1

صداهای بلند

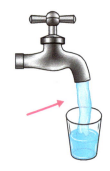
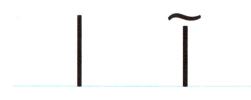
آ ا

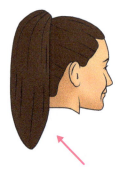
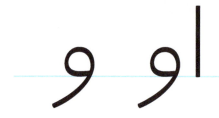
او و

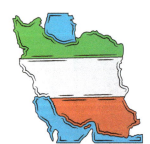
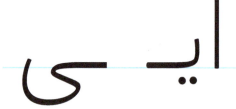
ای ی

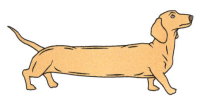

صداهای کوتاه

اَ

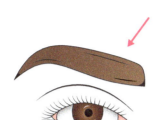

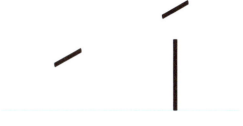

اِ

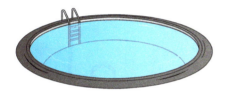

اُ

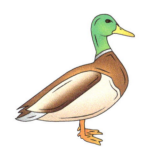

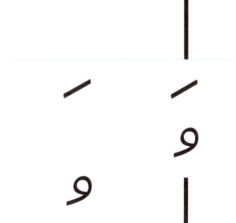

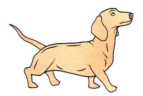

تمرین‌ها

1. In a mirror, say each vowel out loud. Draw the shape that your mouth makes for each one, in the given space below.

۱. به یک آینه نگاه کن و هر صدا را بگو. سپس شکل دهان خود را برای هر کدام بکش.

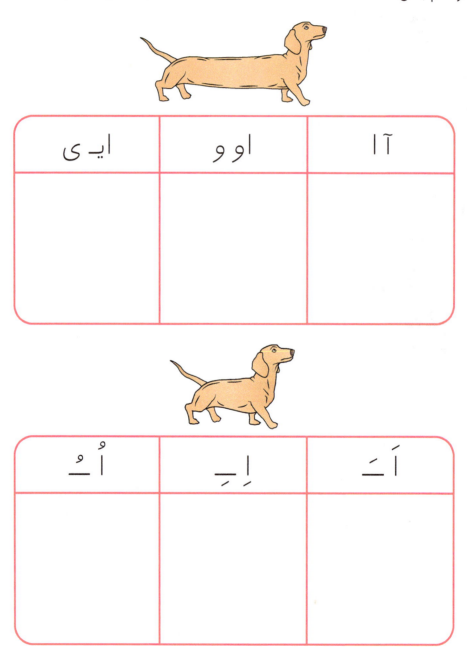

آ ا	او و	ایـ ی

اَ ـَ	اِ ـِ	اُ ـُ

۲. مانند نمونه، هر شکل را به صدای اولش وصل کن.

2. Follow the example and connect each image to its initial sound.

اَ ـَ

اِ ـِ

آ ا

ایـ ی

اُ ـُ

او و

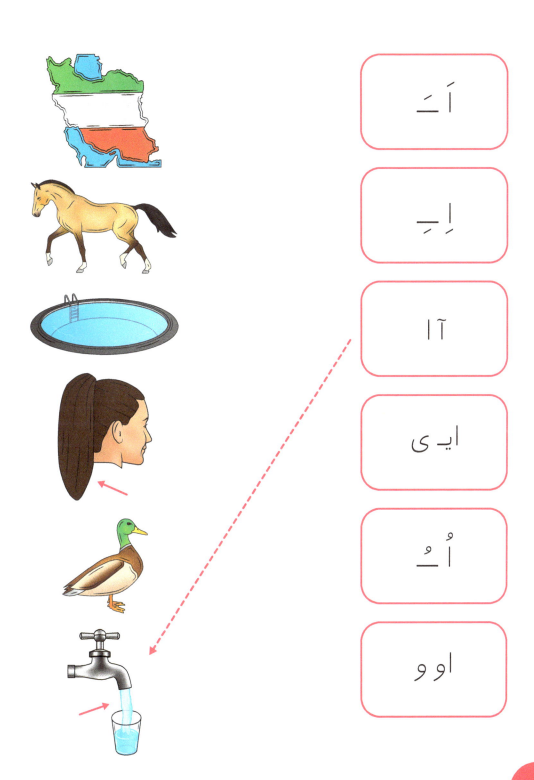

Lesson 1

3. Mark the ones that their name **start** with آ, like the example.

۳. مانند نمونه، زیر شکل‌هایی را که صدای **اول** آنها آ است، علامت بزن.

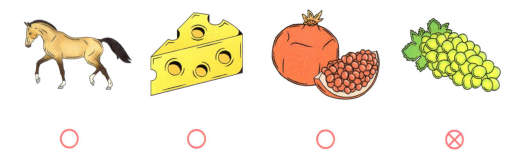

4. Mark the ones that their name **end** with اِ.

۴. زیر شکل‌هایی را که صدای **آخر** آنها اِ است، علامت بزن.

5. Mark the ones that اُ is the **second** sound in their name.

۵. زیر شکل‌هایی را که صدای **دوم** آنها اُ است، علامت بزن.

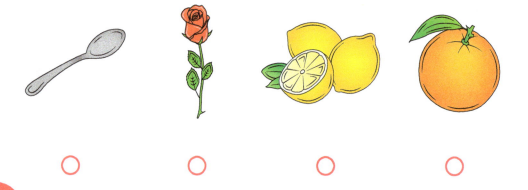

6. Mark the ones that their name **start** with آ.

۶. زیر شکل‌هایی را که صدای **اول** آنها آ است، علامت بزن.

7. Mark the ones that their name **end** with او.

۷. زیر شکل‌هایی را که صدای **آخر** آنها او است، علامت بزن.

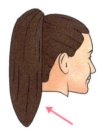

8. Mark the ones that ایـ is the **second** sound in their name.

۸. زیر شکل‌هایی را که صدای **دوم** آنها ایـ است، علامت بزن.

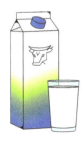

Lesson 1

9. با استفاده از وسایل زیر بازی صداهای فارسی را بساز. سپس گیره کاغذ را بچرخان. صدایی که گیره به آن اشاره می‌کند، بلند بخوان. با هم کلاسی‌هایت به نوبت گیره را بچرخانید و صداها را بخوانید.

9. Build your Persian Sounds Spin-board, using the items listed below.
Then spin the paper clip and read aloud the vowel that it points to. take turns with your classmates, turning the paper clip and reading the vowel.

ماژیک‌های رنگی
Color Markers

گیره کاغذ
Paper Clip

خط‌کش
Ruler

بشقاب کاغذی
Paper Plate

پونز
Pin

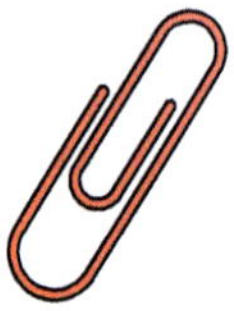

درس ۲

قطار الفبا
Alphabet Train

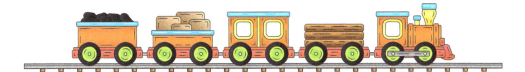

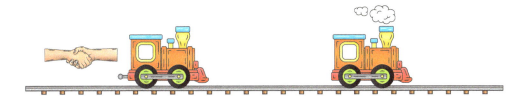

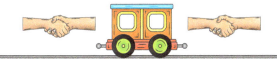

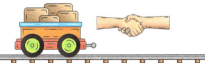

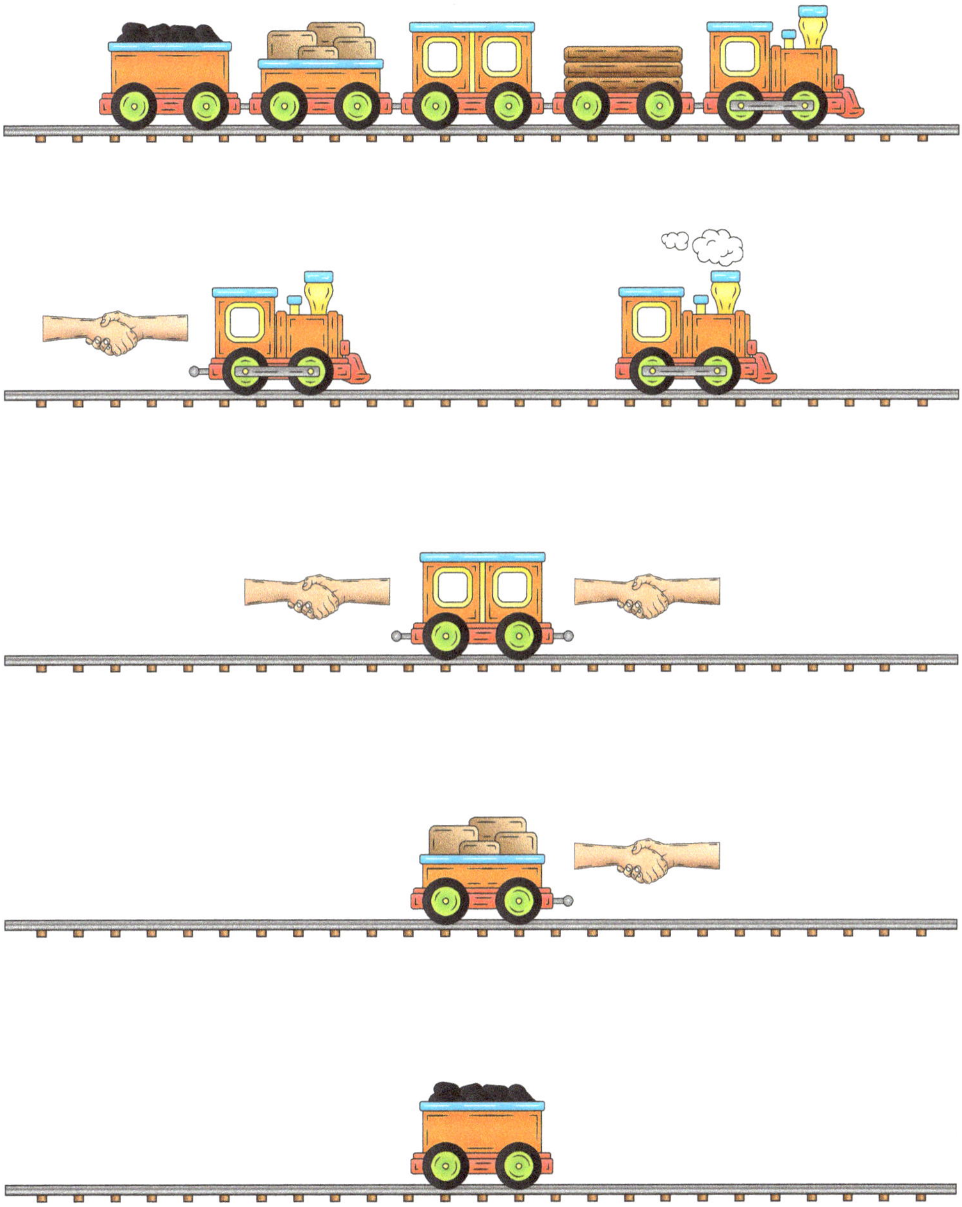

در این کتاب، برای تسهیل آموزش اشکال مختلف حروف الفبای فارسی و نحوه‌ی وصل شدن آنها به حروف دیگر از نماد واگن‌های قطار استفاده شده است. در این روش، هر کلمه‌ی فارسی همچون قطاری فرض شده است که اجزای تشکیل دهنده‌ی آن واگن‌هایی متفاوت هستند. به این ترتیب، همانطور که قطار از واگن‌های مختلفی تشکیل شده، کلمات هم از کنار هم قرار گرفتن حروف مختلف به‌وجود می‌آیند. همانطور که قطار روی ریل حرکت می‌کند، کلمات نیز روی خط نوشته می‌شوند. همچنین همانگونه که واگن‌ها می‌توانند اشکال و کاربردهای متفاوت داشته باشند، حرف‌ها و صداهای زبان فارسی هم میتوانند بر اساس قرارگیریشان در کلمه با شکل‌های متفاوتی ظاهر شوند.

برای استفاده از مثال واگن و قطار در این کتاب، حروف و صداهای فارسی بر مبنای شکل و نحوه‌ی اتصال به حروف مجاور به گروه‌های «اول، وسط، آخر (چسبان) و تنها (غیر چسبان)» تقسیم شده‌اند. یک گروه هم به عنوان گروه «شناور» نام گذاری شده است که توصیفگر صداهای ـَ ـِ ـُ و ـّ می‌باشد. هر یک از این گروه‌ها توسط یک واگن به خصوص نمایش داده شده که می‌تواند توسط یک یا دو بازو به واگن(های) مجاور وصل شود و یا بازویی برای وصل شدن نداشته باشد (به تصاویر صفحه ۳۰ و ۳۱ مراجعه کنید).

قیاس دسته‌بندی ششگانه‌ی حروف و صداهای فارسی به واگن‌های قطار به شرح زیر است:

شکل اول حرف در ابتدای کلمه (قطار) می‌آید و توسط لوکوموتیوی که با یک بازو به واحد سمت چپش وصل می‌شود نشان داده می‌شود.

حروف د، ذ، ر، ز، ژ، و، ا استثناهایی هستند که شکل اولشان بازویی برای وصل شدن به حرف (واگن) بعدی ندارد. از دودکش لوکوموتیو بدون بازوی شکل اول این حروف دودی بیرون می‌آید که به واگن‌های بعدی اعلام می کند که امکان وصل شدن به واحد بعدی را ندارد. این حروف در هر کجای کلمه که بیایند نمی‌توانند به حرف بعدی وصل شوند، بنابراین شکل «اول» و «تنها»ی (غیر چسبان) آنها مثل هم است.

واگن مربوط به گروه شناور صداها هیچ گاه به واحدهای دیگر نمی‌چسبد و تنها مانند یک ابر یا سایه رویِ یا زیر یک واحد دیگر قرار می‌گیرد (ـَ ـِ ـُ ـّ). واگن مربوط به این گروه بازویی در سمت راست یا چپ ندارد.

شکل وسط حروف توسط واگنی نشان داده می‌شود که در هر طرفش یک بازو برای اتصال به واگن‌های (حروف) مجاور دارد. شکل وسط می‌تواند از هر دو طرف به واحدهای مجاور وصل می‌شود مگر این که واحد سمت راستش از نوع «با اتصال» نباشد (د، ذ، ر، ز، ژ، و، ا).

شکل آخر (چسبان) در انتهای کلمه (قطار) می‌آید و توسط واگنی نشان داده می‌شود که فقط یک بازو در سمت راستش برای وصل شدن به واحد قبل از خودش دارد. شکل وسط و آخر (چسبان) حروف د، ذ، ر، ز، ژ، و، ا مثل هم است.

شکل تنها (غیر چسبان) به صورت واگنی که بازویی برای اتصال به واحدهای مجاور ندارد نشان داده می‌شود. شکل تنهای حروف در آخر کلمه (قطار) می‌آید، به‌غیر از حروف د، ذ، ر، ز، ژ، و، ا که شکل تنهاشان می‌تواند هم در وسط و هم در آخر کلمه ظاهر شود.

In this book, we use a train and wagon analogy to facilitate learning about letter forms and connectivity formats in Persian language writing. Each Persian word can be imagined as a train, comprised of differently-shaped wagons. In this analogy, trains are made of wagons as words are made of sounds. Trains move on a track as words are written on a line. Wagons can have different shapes and functionality as letters and vowels can appear in different forms based on their written position in a given word.

For the purpose of using the train and wagon analogy in this book, Persian letters, and vowels are categorized into four main groups based on their form and connectivity format: "first, middle, last (connected), and alone (not connected)". Another category is designated as "floating" to describe vowel forms of ´ - ِ - ُ and ˚. Each of these forms is depicted by a specific wagon shape that has one, two, or no arm to connect to the adjacent wagon(s) (see the illustrations of this model on page 30 and 31).

The six-form categories of the Persian letters and vowels are depicted using the following wagon analogies:

The first letter form, depicted by the locomotive wagon, comes at the beginning of a word (train) and connects to the following unit, using an extended arm on the left side.

In the case of د ا ذ ر ز ژ و letters, the first letter form (wagon) does not connect to the following unit because it does not have an extended arm. The locomotive wagon depiction for the first form of these letters has a cloud of smoke to signify that the wagon will not connect to any other unit. Regardless of the position of these letters in a word, they cannot connect to the following letter on the left side thus they have identical first and alone letter forms.

The floating form never connects to other units and only floats above or below other units like a shadow or a cloud. The wagon depiction for the floating form has no arm on either side.

The middle letter form is depicted by a wagon that has an extended arm on each side that allows the wagon to connect to the adjacent units. It can connect on both ends unless the adjacent unit is not the connecting type (د ا ذ ر ز ژ و letters).

The last (connected) letter form comes at the end of the word (train) and is depicted by a wagon that has one extended arm on the right side, allowing a connection only to the unit before it. The written middle and last (connected) forms of د ا ذ ر ز ژ و letters look the same.

The alone (not connected) letter form is depicted by a stand-alone wagon that has no arm to connect to the adjacent units. The alone form comes at the end of the word with the exception of د ا ذ ر ز ژ و letters that can also appear in the middle.

Lesson 2

Trace the shapes by following the arrow.
Then practice more by copying the examples.

روی خط‌چین‌ها را در جهت فلش پر کن.
از روی شکل نمونه چند بار دیگر هم بنویس.

ب – ب – ب

بـ – بـ – بـ

ـبـ – ـبـ – ـبـ

ـب – ـب – ـب

آ – آ – آ

ـا – ـا – ـا

ا – ا – ا

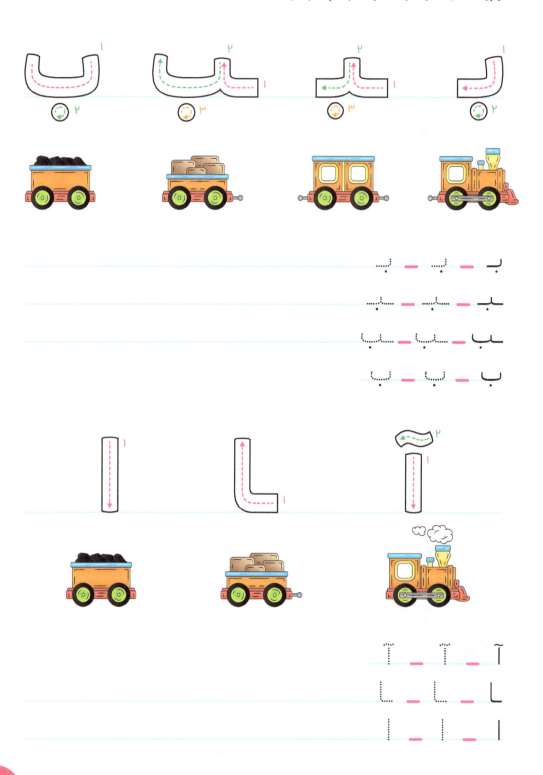

تمرین‌ها

۱. فرم درست حرف‌ها را با هم ترکیب کن
و اسم هر شکل را بنویس.
سپس با صدای بلند بخوان.

1. Connect the correct form of each letter to write the name of each image, then read them out loud.

ب ـب ـبـ بـ

ا ـا آ

ب ـب ـبـ بـ

ا ـا آ

2. Sound out the word and put an × in the place that you hear ب.

۲. صدای ب را در کجای کلمه می‌شنوی؟
جایش را با علامت × روی خط‌چین مشخص کن.

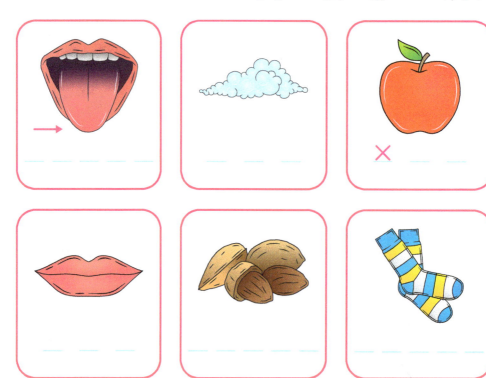

3. For each image, find and copy the correct form of the **beginning** sound.

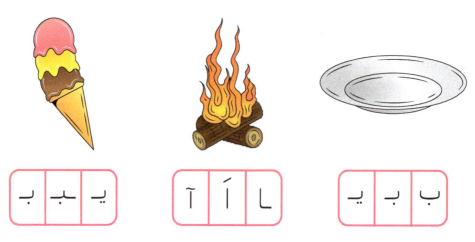

۳. شکل درست صدای **اول** هر کلمه را
پیدا کن و بنویس.

ب	بـ	یـ

ـا	اَ	آ

یـ	ـبـ	ـب

۴. صدای آ را در کجای کلمه می‌شنوی؟
جایش را با علامت × روی خطچین مشخص کن.

4. Sound out the word and put
an × in the place that you hear آ.

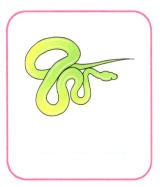

۵. صدای او را در کجای کلمه می‌شنوی؟
جایش را با علامت × روی خطچین مشخص کن.

5. Sound out the word and put
an × in the place that you hear او.

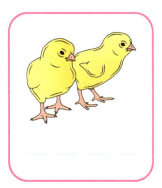

۶. صدای ایـ را در کجای کلمه می‌شنوی؟
جایش را با علامت × روی خطچین مشخص کن.

6. Sound out the word and put
an × in the place that you hear ایـ.

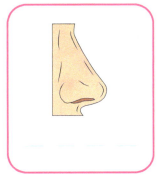

درس ۳

صداهای بلند

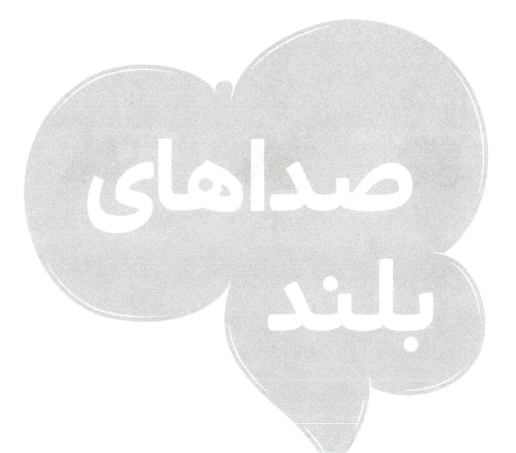
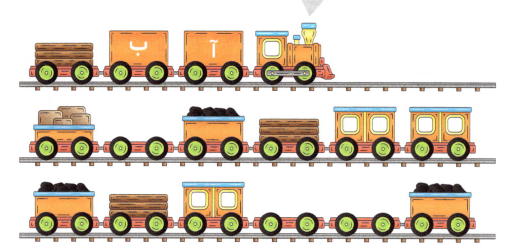

Trace the shapes by following the arrow.
Then practice more by copying the examples.

روی خط‌چین‌ها را در جهت فلش پر کن.
از روی شکل نمونه چند بار دیگر هم بنویس.

او ـو و

او ـ او ـ او

ـو ـ ـو ـ ـو

و ـ و ـ و

ایـ ـیـ ـی ی

ایـ ـ ایـ ـ ایـ

ـیـ ـ ـیـ ـ ـیـ

ـی ـ ـی ـ ـی

ی ـ ی ـ ی

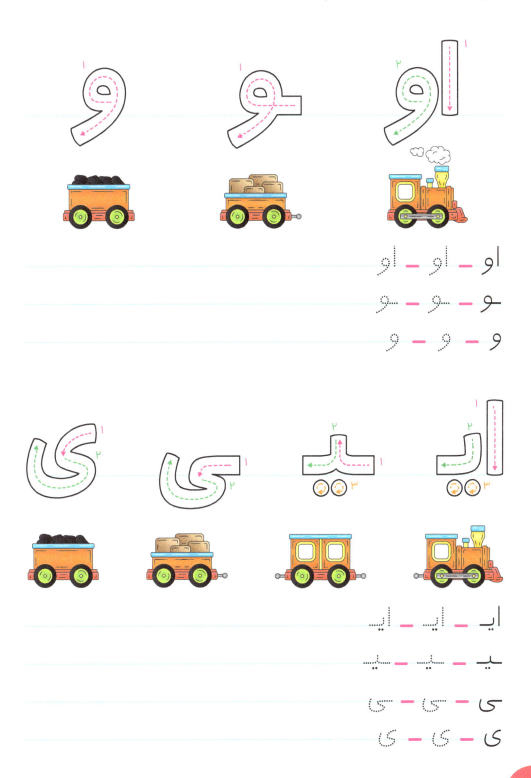

Lesson 3

1. Connect the correct form of each letter to write the name of each image, then read out loud.

تمرین‌ها

۱. فرم درست حرف‌ها را ترکیب کن و اسم هر شکل را بنویس. سپس با صدای بلند بخوان.

او و و   ب ب ب ب

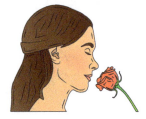

ای ی ی ی   ب ب ب ب   آ ا ا

2. Write the correct form of ب to complete the name of each image.

۲. اسم هر کدام را بگو و شکل درست **ب** را در جای مناسب بنویس.

ا ا

آ

ـو

3. For each image, find and copy the correct form of the **last** sound.

۳. شکل درست صدای **آخر** هر کلمه را پیدا کن و بنویس.

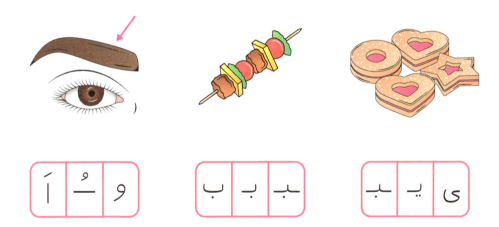

ی	یـ	ـبـ

ـبـ	بـ	ب

و	ـُـ	اَ

Lesson 3

4. Connect ب to the correct form of each vowel and write the combination.

۴. مانند مثال, ب را با شکل مناسب هر صدا ترکیب کن و بنویس.

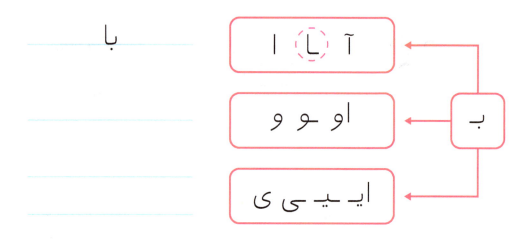

با

5. Connect the pairs that have the same sound.

۵. هم صداها را به هم وصل کن.

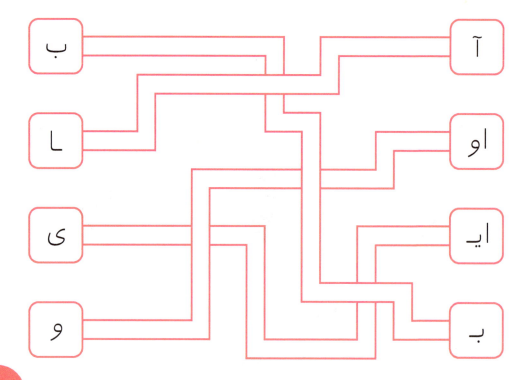

6. Sound out the word and put an × in the place that you hear اَ.

۶. صدای اَ را در کجای کلمه می‌شنوی؟
جایش را با علامت × روی خط‌چین مشخص کن.

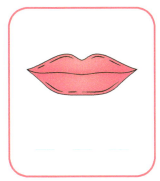

7. Sound out the word and put an × in the place that you hear اِ.

۷. صدای اِ را در کجای کلمه می‌شنوی؟
جایش را با علامت × روی خط‌چین مشخص کن.

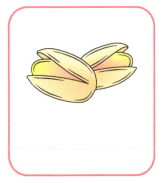

8. Sound out the word and put an × in the place that you hear اُ.

۸. صدای اُ را در کجای کلمه می‌شنوی؟
جایش را با علامت × روی خط‌چین مشخص کن.

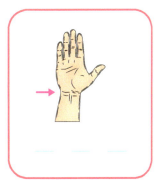

درس ۴

صداهای کوتاه

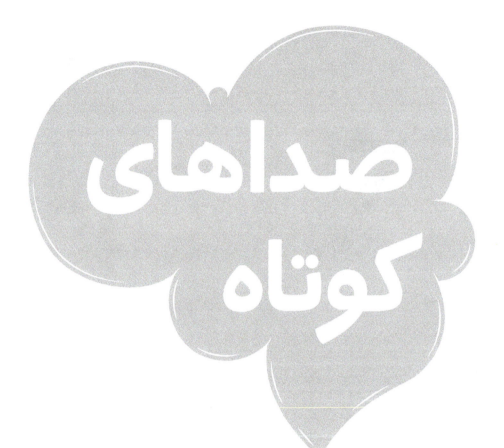

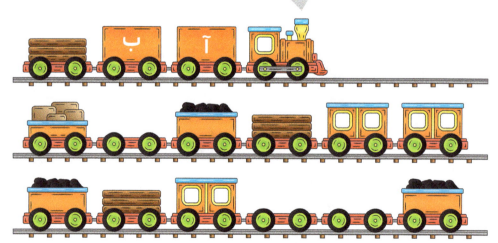

Trace the shapes by following the arrow.
Then practice more by copying the examples.

روی خط‌چین‌ها را در جهت فلش پر کن.
از روی شکل نمونه چند بار دیگر هم بنویس.

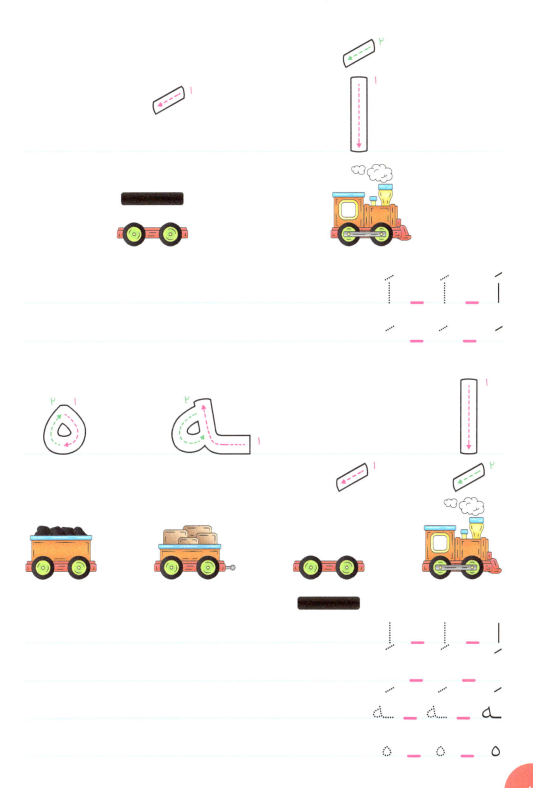

Trace the shapes by following the arrow.
Then practice more by copying the examples.

روی خطچین‌ها را در جهت فلش پر کن.
از روی شکل نمونه چند بار دیگر هم بنویس.

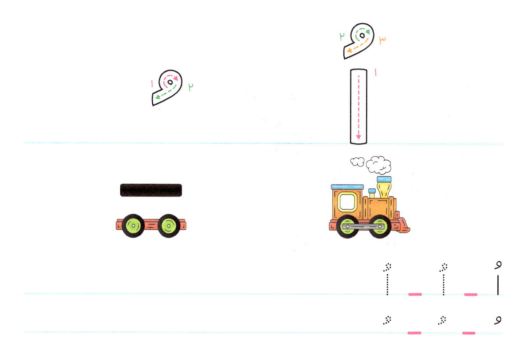

اُ ـُ

اُ ـُ اُ ـُ اُ

ـُ ـُ ـُ

تمرین‌ها

1. Connect ب to the correct form(s) of each vowel and write the combinations.

۱. مانند مثال ب را با شکل‌های مناسب هر صدا ترکیب کن و بنویس.

ب

اَ ـَ	بَ
اِ ـِ ـه ه	
اُ ـُ	

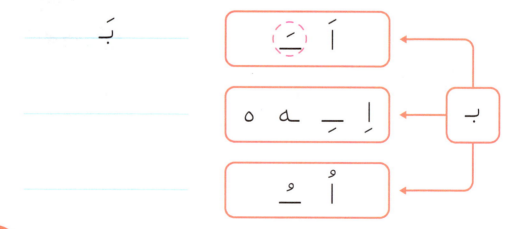

۲. شکل درست صدای **اول** هر کلمه را پیدا کن و بنویس.

2. For each image, find and copy the correct form of the **beginning** sound.

یـ	ب	بـ

ـَ	اَ	آ

اُ	اَ	و

ایـ	ی	او

ا	اَ	آ

اُ	اِ	اَ

3. For each image, find and copy the correct form of the **last** sound.

۳. شکل درست صدای **آخر** هر کلمه را پیدا کن و بنویس.

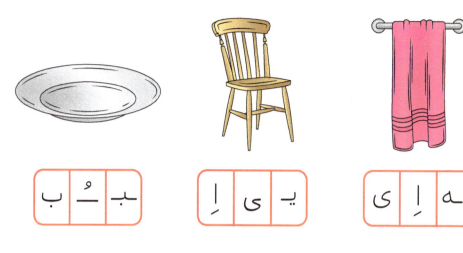

ـبـ ـُ ب	ـیـ ی اِ	ـه اِ ی

4. Connect the pairs that have the same sound.

۴. هم صداها را به هم وصل کن.

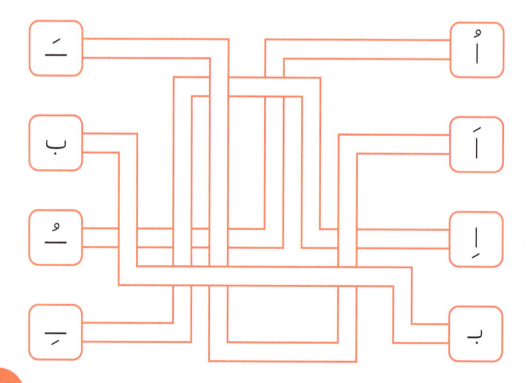

5. Sound out the word and put an × in the place that you hear آ.

۵. صدای آ را در کجای کلمه می‌شنوی؟
جایش را با علامت × روی خطچین مشخص کن.

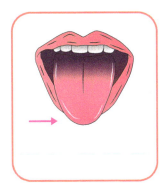

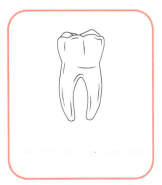

6. Sound out the word and put an × in the place that you hear او.

۶. صدای او را در کجای کلمه می‌شنوی؟
جایش را با علامت × روی خطچین مشخص کن.

7. Sound out the word and put an × in the place that you hear اَ.

۷. صدای اَ را در کجای کلمه می‌شنوی؟
جایش را با علامت × روی خطچین مشخص کن.

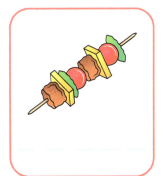

8. Fill each segment according to the color guide, below.

۸. با توجه به راهنما رنگ کن.

ایـ ـیـ یـ ـی ی

آ ـا ا

اَ ـَ

او ـو و

اُ ـُ

اِ ـِـ ـه ه

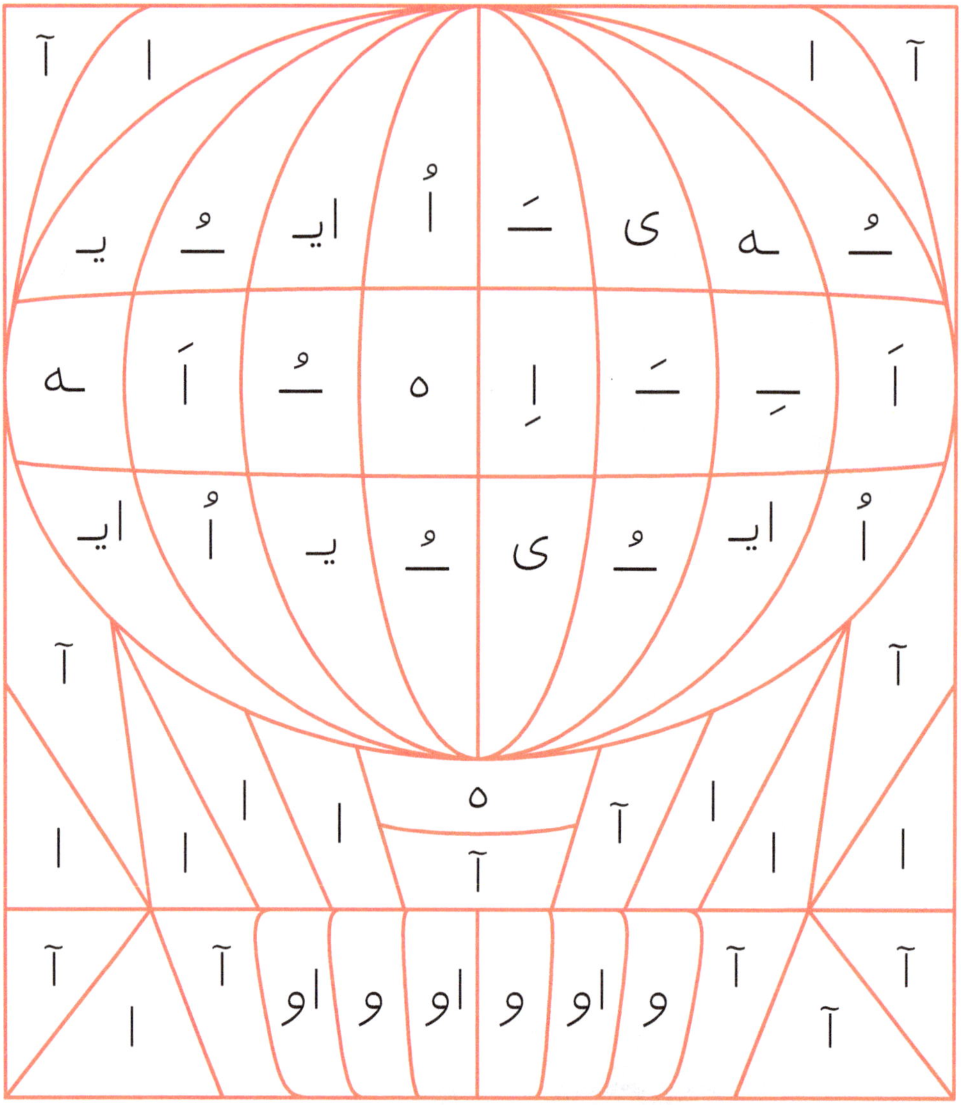

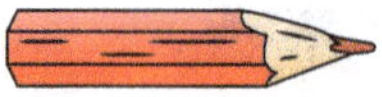

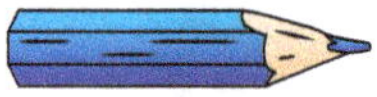

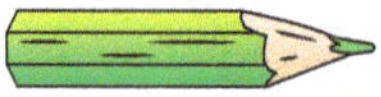

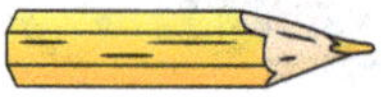

درس ۵

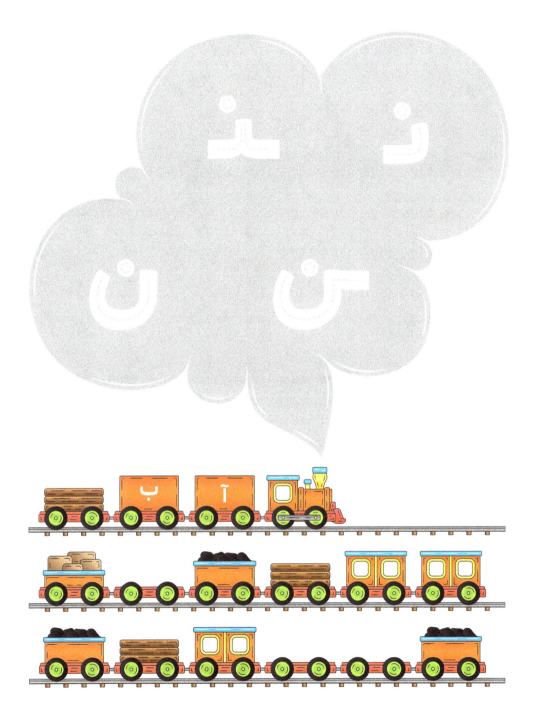

Trace the shapes by following the arrow.
Then practice more by copying the examples.

روی خط‌چین‌ها را در جهت فلش پر کن.
از روی شکل نمونه چند بار دیگر هم بنویس.

نـ نـ نـ
ـنـ ـنـ ـنـ
ـن ـن ـن
ن ن ن

Write the correct combination(s) of ن with each vowel.

حرف ن را با شکل(های) درست هر صدا ترکیب کن و بنویس.

نـ	نـ	نـ	نـ	نـ	نـ
+	+	+	+	+	+
او ـو و	ایـ ـیـ ی ی	اُ ـُ	اِ ـِ ـه ه	آ ـا ا	اَ ـَ
نو					

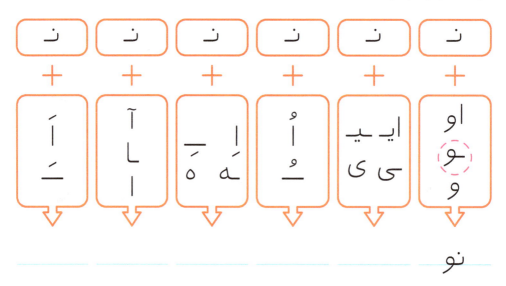

تمرین‌ها

۱. کلمه‌ها را با گذاشتن ن در جاهای مناسب کامل کن.

1. Complete the words by adding ن in the correct places.

ـا

بیـ ـی

ـه

آ

ایـ

۲. صدای ن را در کجای کلمه می‌شنوی؟ جایش را با علامت × روی خطچین مشخص کن.

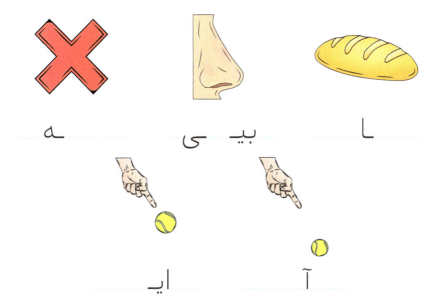

2. Sound out the word and put an × in the place that you hear ن.

3. Choose the correct form to connect. Then write the word and read it.

۳. ترکیب درست را برای هر کدام پیدا کن و کلمه‌ی کامل شده را بنویس و بلند بخوان.

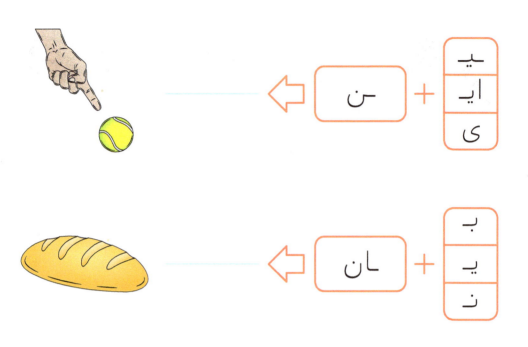

ـیـ	
ایـ	+ ـن
ی	

بـ	
یـ	+ ـان
نـ	

4. For each image, find and copy the correct form of the **beginning** sound.

۴. شکل درست صدای **اول** هر کلمه را پیدا کن و بنویس.

ب	ـبـ	بـ

نـ	بـ	ـنـ

ـَ	اَ	اِ

۵. شکل درست صدای **آخر** هر کلمه را پیدا کن و بنویس.

5. For each image, find and copy the correct form of the **last** sound.

ـِـ | ـه | اِ

نـ | ی | ـن

ب | ـبـ | ن

۶. هر کلمه را بلند بخوان و صداهایش را در خانه‌های خالی بنویس.

6. Sound out the words and write each sound in a separate box.

بینی ⇦ ☐ ☐ ☐ ☐

این ⇦ ☐ ☐

آن ⇦ ☐ ☐

بابا ⇦ ☐ ☐ ☐ ☐

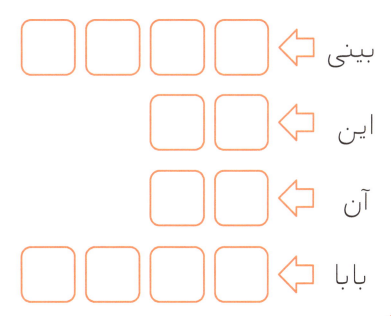

7. Fill each segment according to the color guide, below.

۷. با توجه به راهنما رنگ کن.

بـ ـبـ ـب ب — ایـ ـیـ ـیـ ـی ی

نـ ـنـ ـن ن — اِ ـِ ـه ه

درس ۶

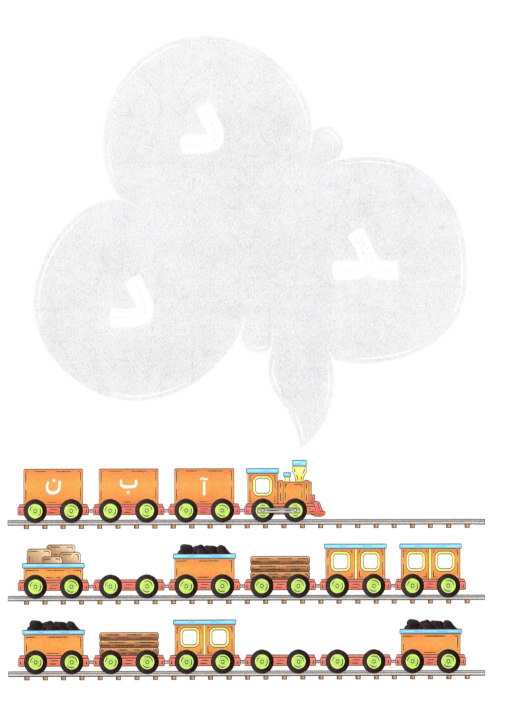

Trace the shapes by following the arrow.
Then practice more by copying the examples.

روی خطچین‌ها را در جهت فلش پر کن.
از روی شکل نمونه چند بار دیگر هم بنویس.

د ـد د

د ـ د ـ د

ـد ـ ـد ـ ـد

د ـ د ـ د

Write the correct combination(s) of د with each vowel.

حرف د را با شکل(های) درست هر صدا ترکیب کن و بنویس.

د	د	د	د	د	د
+	+	+	+	+	+
اَ ـَ	اِ ـِ ـه ه	آ ـا ا	ایـ ـیـ ی ی	اُ ـُ	او ـو و
دَ					

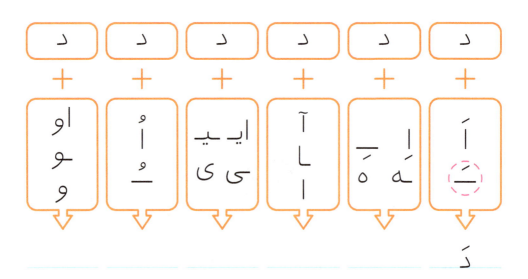

تمرین‌ها

۱. کلمه‌ها را با گذاشتن **د** در جاهای مناسب کامل کن.

1. Complete the words by adding **د** in the correct places.

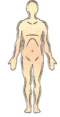

 با
 بَ ن
 ن ان

۲. صدای **د** را در کجای کلمه می‌شنوی؟ جایش را با علامت × روی خط‌چین مشخص کن.

2. Sound out the word and put an × in the place that you hear **د**.

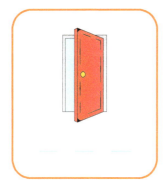

3. For each image, find and copy the correct form of the **last** sound.

۳. شکل درست صدای **آخر** هر کلمه را پیدا کن و بنویس.

ب	د	ن

د	ن	ب

ب	ن	د

4. Sound out the words and write each sound in a separate box.

۴. هر کلمه را بلند بخوان و صداهایش را در خانه‌های خالی بنویس.

دود

دانه

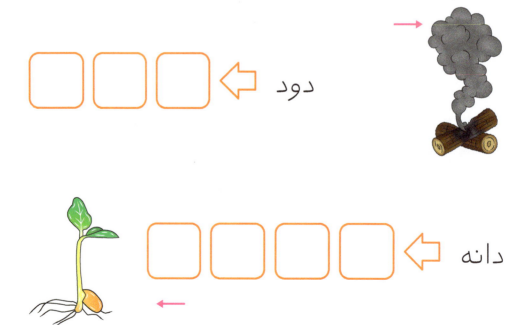

5. Find and underline the letter د.

۵. حرف د را پیدا کن و زیرش خط بکش.

ساده شَدید راحَت اَدَب

دَر بالِش دام داروخانه

آباد داد شُروع شادی

6. Read and sort the words based on their first letter.

۶. کلمه‌های زیر را بلند بخوان و با توجه به حرف اولشان دسته‌بندی کن.

نَداد بَدَن دانه بینی باد

دید دَندان نَبود نه

د در اول کلمه Begins with	بـ در اول کلمه Begins with	نـ در اول کلمه Begins with
دید	باد	

دیکته

7. Practice reading and writing the following sentences.

۷. از روی جمله‌های زیر بخوان و بنویس.

باد بود.

بابا نان داد.

آنا دود دید.

درس ۷

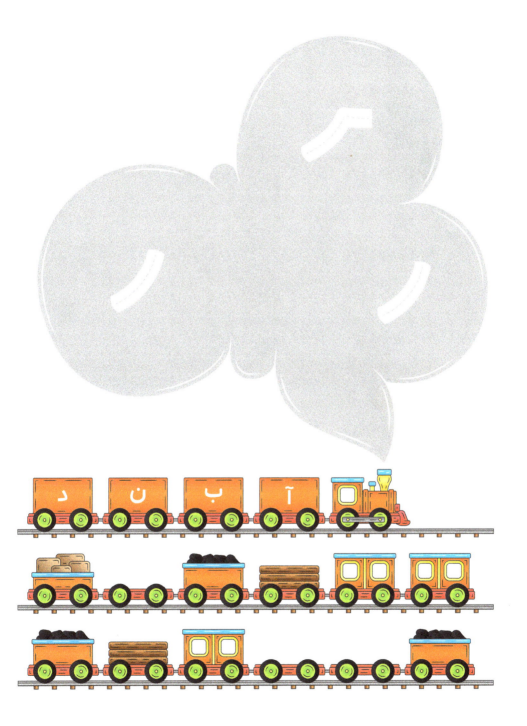

Trace the shapes by following the arrow.
Then practice more by copying the examples.

روی خط‌چین‌ها را در جهت فلش پر کن.
از روی شکل نمونه چند بار دیگر هم بنویس.

ر – ر – ر
ـر – ـر – ـر
ر – ر – ر

Write the correct combination(s) of ر with each vowel.

حرف ر را با شکل(های) درست هر صدا ترکیب کن و بنویس.

ر +	ر +	ر +	ر +	ر +	ر +
آ ـا ا	او ـو و	ایـ ـیـ ی ی	اَ ـَ	اِ ـِ ـه ه	اُ ـُ
را					

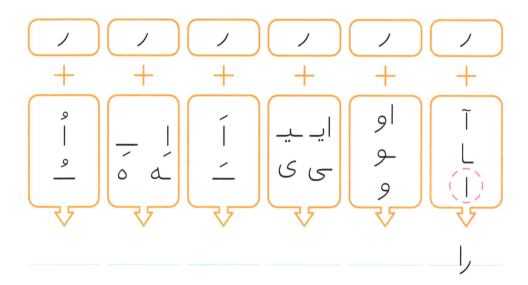

تمرین‌ها

۱. صدای ر را در کجای کلمه می‌شنوی؟
جایش را با علامت × روی خط‌چین مشخص کن.

1. Sound out the word and put an × in the place that you hear ر.

۲. کلمه‌های زیر را بلند بخوان و با توجه به جای صدای ر آنها را دسته‌بندی کن.

2. Read the words and sort them based on where you hear the ر sound.

اَبرو اَنار اَبر ران رود باران

ر در اول کلمه	ر در وسط کلمه	ر در آخر کلمه
رود	اَبرو	اَنار

3. Combine ر with each sound and write a word that uses that combination.

۳. ترکیب ر با هر صدا را بنویس و برای هر کدام یک کلمه معنی‌دار مثال بزن.

ر + َ ← رَ ← مانند دارَد

ر + ا ← ______ ← مانند ______

ر + و ← ______ ← مانند ______

4. Rearrange the letters to make meaningful words.

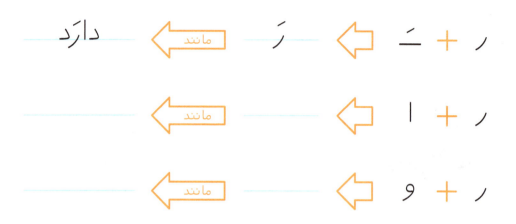

۴. با مرتب کردن حروف کلمه معنی‌دار بساز و بنویس.

د َ د ر ← ______

د ا یـ بـ ر ← ______

۵. به جای هر شکل، نام آن را بنویس و جمله را کامل کن.

5. Complete each sentence by writing the name of the image in the blank.

______ آب دارَد.

او ______ دارَد.

باد ______ را بُرد.

۶. هر کلمه را بلند بخوان و صداهایش را در خانه‌های خالی بنویس.

6. Sound out the words and write each sound in a separate box.

دارَد ⇦ ☐ ☐ ☐ ☐ ☐

بَرادَر ⇦ ☐ ☐ ☐ ☐ ☐ ☐ ☐

اَبرو ⇦ ☐ ☐ ☐ ☐

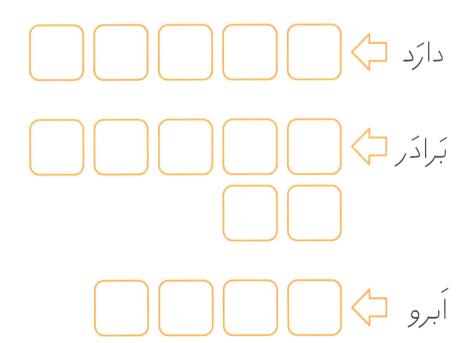

7. Add the missing dots to complete each word and read.

۷. با گذاشتن نقطه کلمه‌ها را کامل کن و با صدای بلند بخوان.

ٮٮدار   ٮاران   اٮران

دیکته

8. Practice reading and writing the following sentences.

۸. از روی جمله‌های زیر بخوان و بنویس.

آبر بود.

باد بود.

باران بارید.

درس ۸

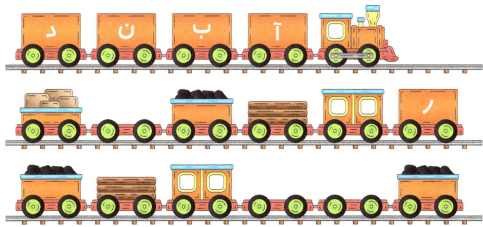

Trace the shapes by following the arrow.
Then practice more by copying the examples.

روی خطچین‌ها را در جهت فلش پر کن.
از روی شکل نمونه چند بار دیگر هم بنویس.

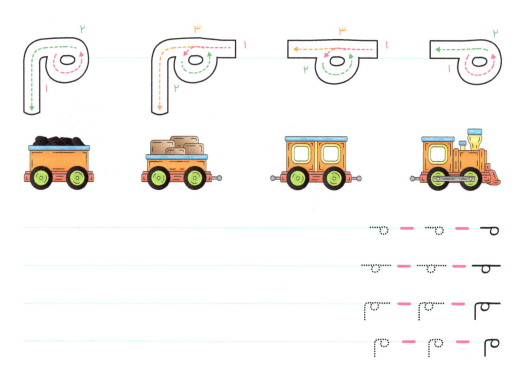

م – م – م
ـم – ـم – ـم
مـ – مـ – مـ
ـمـ – ـمـ – ـمـ

Write the correct combination(s) of م with each vowel.

حرف م را با شکل(های) درست هر صدا ترکیب کن و بنویس.

مـ	مـ	مـ	مـ	مـ	مـ
+	+	+	+	+	+
او ـو و	ایـ ـیـ ی ی	اُ ـُ	اِ ـِ ـه ه	آ ـا ا	اَ ـَ
مو					

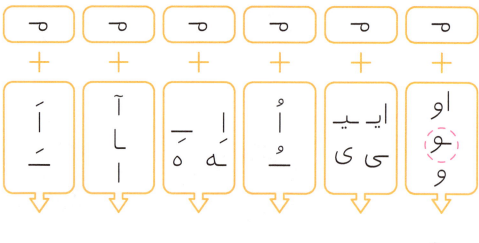

تمرین‌ها

۱. کلمه‌ها را با گذاشتن م در جاهای مناسب کامل کن.

1. Complete the words by adding م in the correct places.

ـادَر　　　نا ـه　　　بادا

۲. اسم هر تصویر را بگو و حرف م را زیر هر کدام که آن صدا را دارد بنویس.

2. Name each image and write the letter م under whichever one that has that sound.

3. Rearrange the letters to make meaningful words.

۳. با مرتب کردن حروف، کلمه معنی‌دار بساز و بنویس.

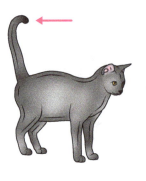

د م ُ ⇦ ____________

ـا ـمـ ر ⇦ ____________

4. Choose the right word to fill each blank and read the completed sentence.

۴. در جای خالی، کلمه‌ی مناسب را بنویس و جمله را بخوان.

او
مَن
ما

____________ مِداد دارَم.

____________ بادام داد.

____________ آمَدیم.

5. Connect each image to the form of م used in its name.

۵. هر تصویر را به شکلی از حرف م وصل کن که در اسم آن استفاده شده.

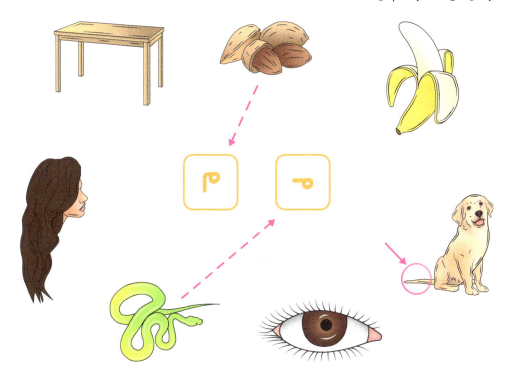

6. Find each word in the grid and circle like the example.

۶. کلمه‌ها را در جدول زیر پیدا کن و مانند مثال دور هر یک خط بکش.

دُم ✓   مادَر

مَرد   مو

مَن   بادام

آرام   رود

م	ـُـ	د	ـو	م
ا	ا	م	ـَـ	ا
د	م	ر	م	د
ا	د	ـَـ	آ	ـَـ
ب	ن	د	و	ر

۵۸

دیکته

۷. جمله‌های زیر را بخوان و دور کلمه‌هایی که م دارند خط بکش.

7. Practice reading and circle any word that has the letter م.

بیرون باد آمَد.

مادَر دَر باران آمَد.

بابا دیر آمَد.

مَن بیدار نَبودَم.

درس ۹

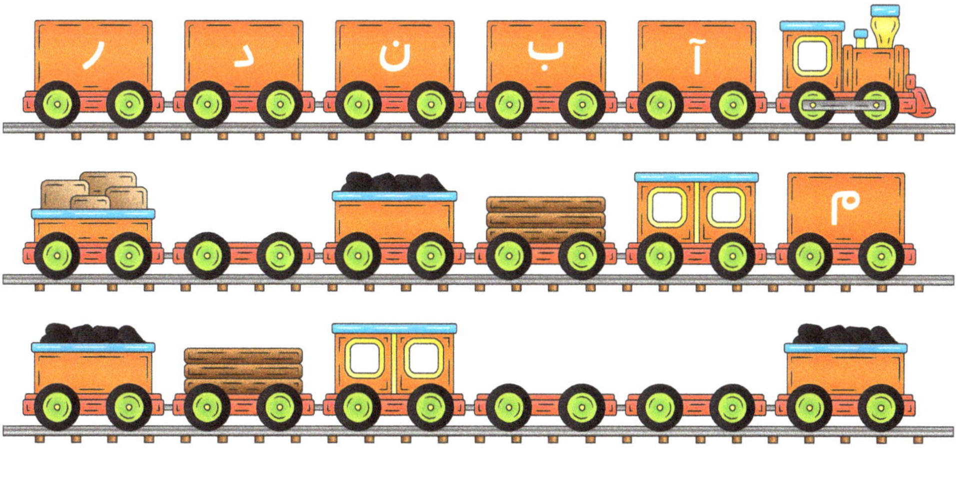

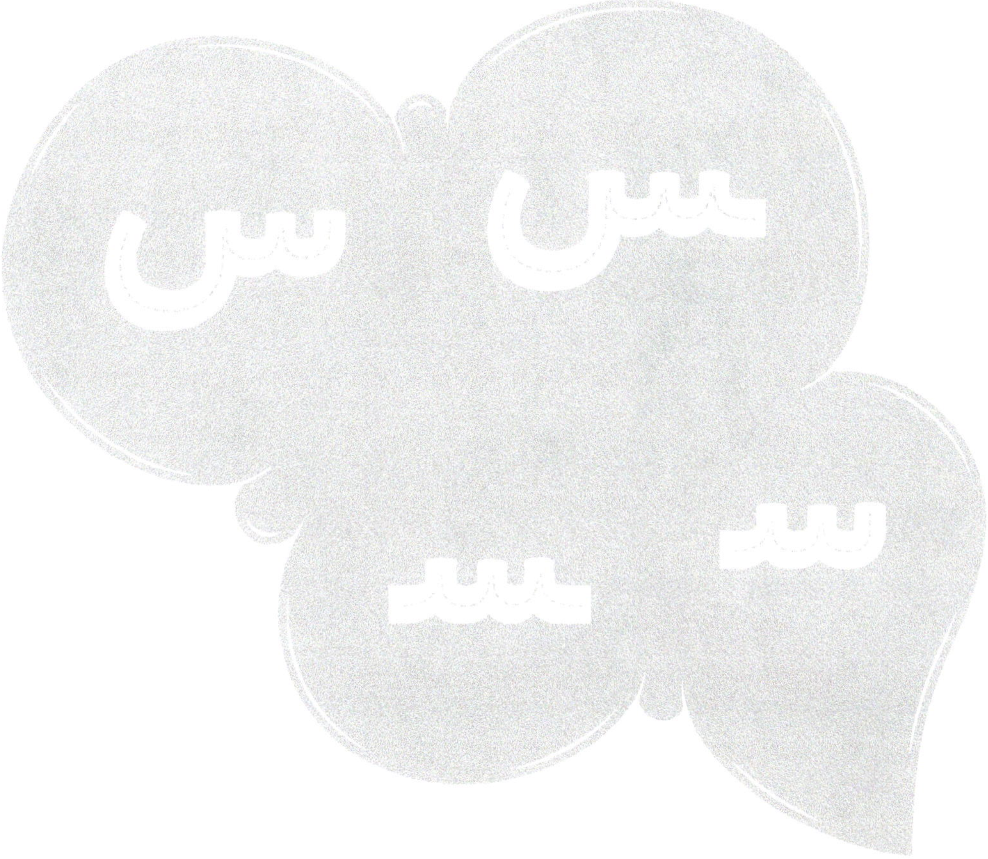

روی خط‌چین‌ها را در جهت فلش پر کن.
از روی شکل نمونه چند بار دیگر هم بنویس.

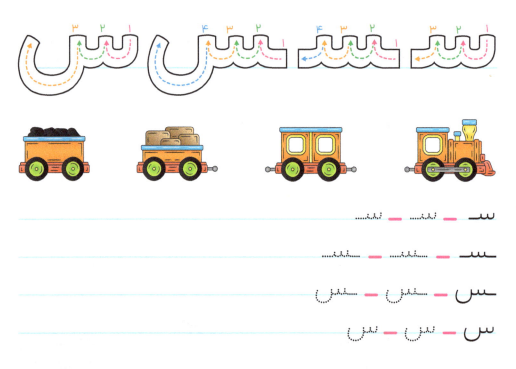

Trace the shapes by following the arrow.
Then practice more by copying the examples.

سـ – سـ – سـ
ـسـ – ـسـ – ـسـ
ـس – ـس – ـس
س – س – س

حرف **س** را با شکل(های) درست هر صدا ترکیب کن و بنویس.

Write the correct combination(s) of **س** with each vowel.

سـ	سـ	سـ	سـ	سـ	سـ
+	+	+	+	+	+
اِ ـِ ه ه	اُ ـُ	اَ ـَ	ایـ یـ ی ی	او ـو و	آ ـا ا
سِـ سه					

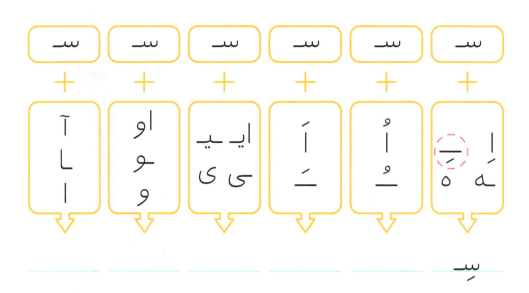

تمرین‌ها

۱. صدای **س** را در کجای کلمه می‌شنوی؟ جایش را با علامت × روی خط‌چین مشخص کن.

1. Sound out the word and put an × in the place that you hear **س**.

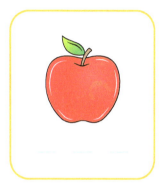

۲. در هر ردیف، دور تصویری که صدای آخر آن شبیه صدای آخر تصویر سمت چپ است، خط بکش.

2. In each row, circle the image ending in the same sound as the far left image in the yellow box.

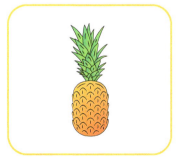
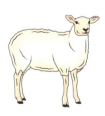

3. Write the name of each image.

۳. اسم هر شکل را بنویس.

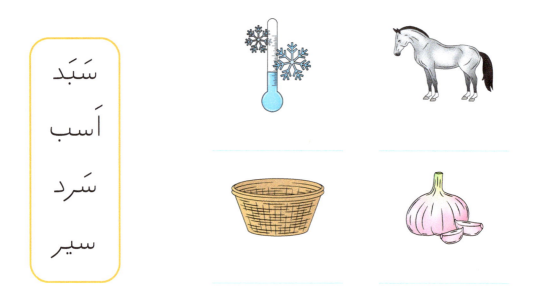

سَبَد
اَسب
سَرد
سیر

4. Choose the right one to connect. Then write the word and read it.

۴. ترکیب درست را برای هر کدام پیدا کن و کلمه‌ی کامل شده را بنویس و بلند بخوان.

آدام	+	ـس / س / ـسـ	⇦	

اِ	+	ـس / سـ / ـسـ	+	م	⇦	

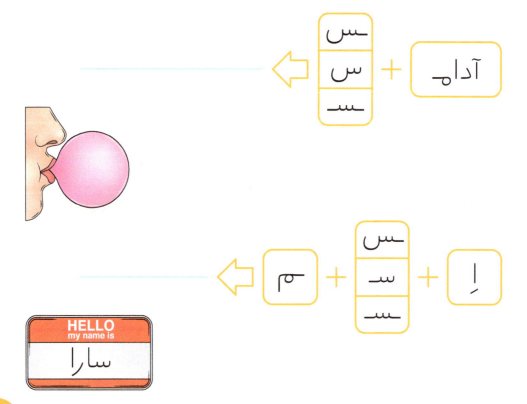

۵. کلمه‌هـای زیـر را بلنـد بخـوان و بـرای هرکدام یک نقاشـی بکش.

5. Draw something related to each word.

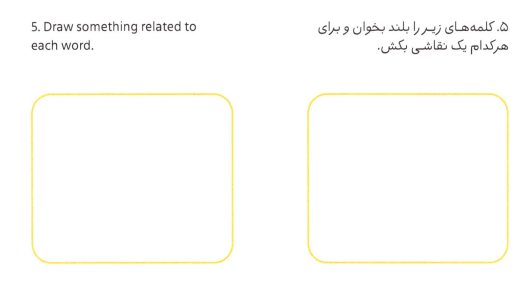

سَر

سه

۶. کلمه‌هـای زیر را بلنـد بخـوان و با توجه به جای صدای **س** آنها را دسـته‌بندی کن.

6. Read the words and sort them based on where you hear the **س** sound.

سَمَنو رِسید سارا دَرس مَدرِسه آدامس

سـ در اول کلمه

سـ در وسط کلمه

س در آخر کلمه

Lesson 9

7. Practice reading and circle any word that has the letter **س**.

دیکته

۷. جمله‌های زیر را بخوان و دور کلمه‌هایی که **س** دارند خط بکش.

سارا با مَن دَر مَدرِسه بود.

ما دَرس داریم.

من به سارا مِداد دادَم.

سارا به مَن سیب داد.

درس ۱۰

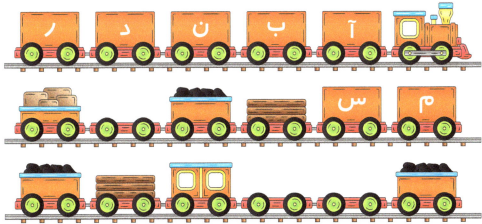

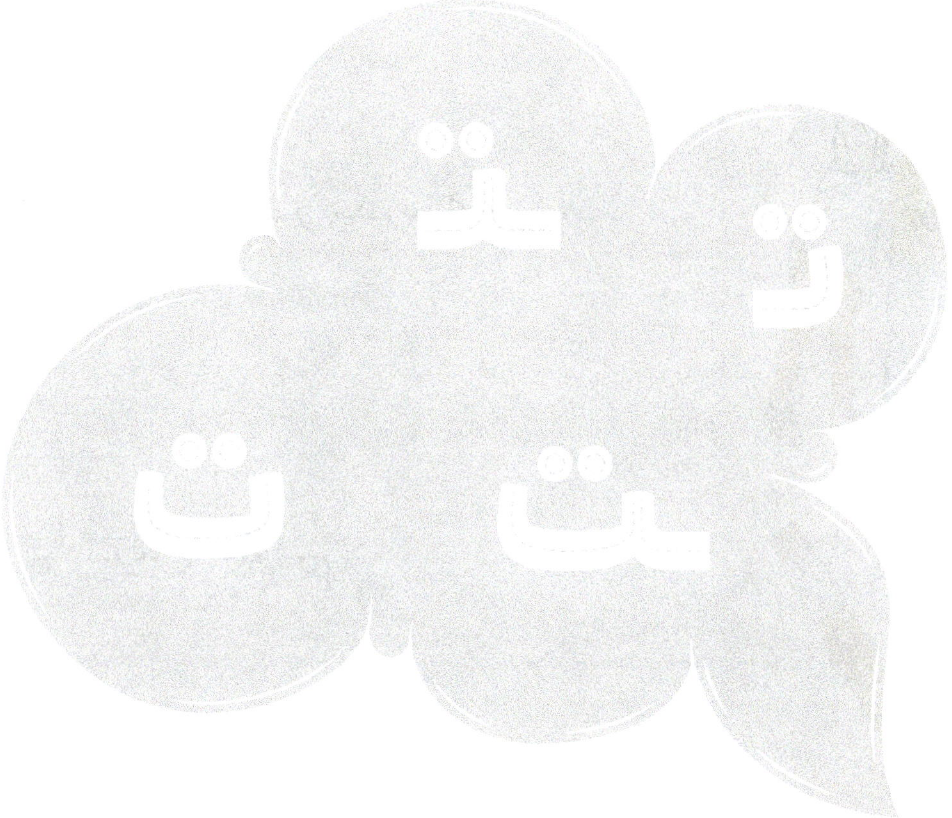

Trace the shapes by following the arrow.
Then practice more by copying the examples.

روی خطچین‌ها را در جهت فلش پر کن.
از روی شکل نمونه چند بار دیگر هم بنویس.

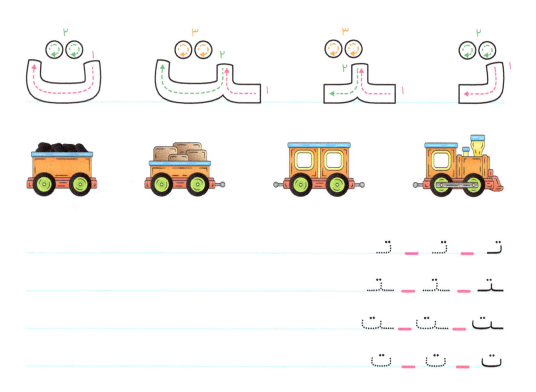

ت ـتـ تـ ـت

تـ تـ تـ

ـتـ ـتـ ـتـ

ـت ـت ـت

ت ت ت

Write the correct combination(s) of ت with each vowel.

حرف ت را با شکل(های) درست هر صدا ترکیب کن و بنویس.

تـ	تـ	تـ	تـ	تـ	تـ
+	+	+	+	+	+
آ ـا ا	اَ ـَ ـه ه	ایـ ـیـ ی ی	اُ ـُ	اَ ـَ	او ـو و
تا					

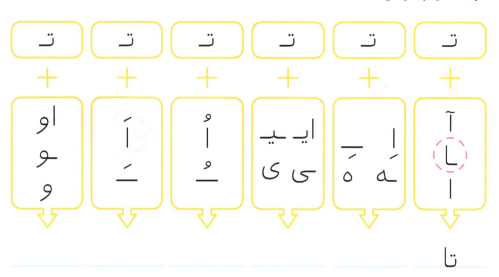

تمرین‌ها

۱. اسم هر شکل را بنویس. برای کمک می‌توانی از کلمه‌های روبرو استفاده کنی.

1. Write the name of each image using a word from the list.

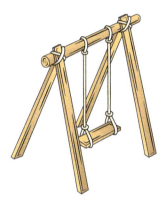

دَست

سوت

تاب

بَستَنی

2. Connect each image to the first sound of its name.

۲. هر تصویر را به صدای اولش وصل کن.

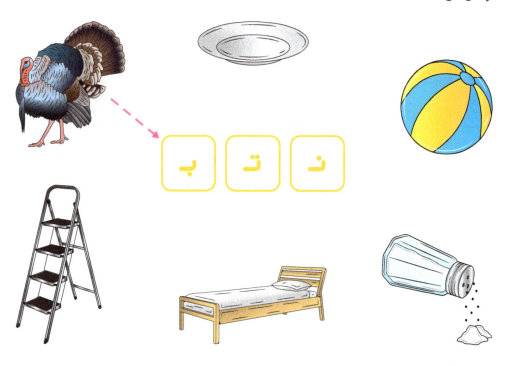

ب	ت	ن

3. Choose the right form to connect. Then write the word and read it.

۳. ترکیب درست را برای هر کدام پیدا کن و کلمه‌ی کامل شده را بنویس و بلند بخوان.

______ ⇐ ـت / ت / ـت + نَبا

______ ⇐ ـَ / ـه / ه + سِتار

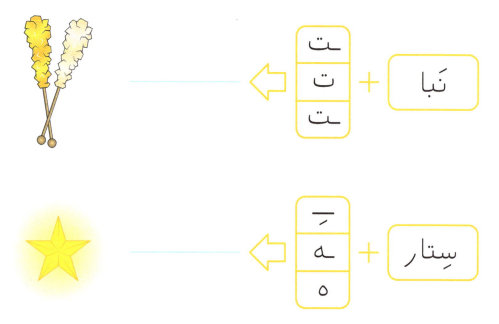

۴. کلمه‌ها را در جدول زیر پیدا کن و مانند مثال دور هر یک خط بکش.

4. Find each word in the grid and circle like the example.

م	ت	نـ	ر	اُ
ـسـ	ـا	ت	ـو	تـ
ن	بـ	ـمـ	ن	و
ـَ	ـت	ـسـ	ـَ	د
ر	ـو	ـنـ	ـَ	تـ

دَست ✓ نان

تَمام اُتو

تَنور توت

۵. ترکیب کن تا کلمه بسازی.
کلمه را در جای خالی بنویس و بخوان.

5. Combite to make a word.
Write in the blank and read each word.

بیـ

ـدار → بیدار

ـرون

ـمار

ـست

6. Complete the sentences, using دارم، ندارم، داری، نداری، داریم or نداریم.

۶. جمله‌های زیر را با استفاده از فعل‌های دارم، ندارم، داری، نداری، داریم، یا نداریم کامل کن.

مَن بَستَنی دوست ____________

او ماست دوست ____________

ما توت دوست ____________

دیکته

۷. جمله‌های زیر را بخوان و دور کلمه‌هایی که **ت** دارند خط بکش.

7. Practice reading and circle any word that has the letter **ت**.

اِسمِ مَن تارا اَست.

اِسمِ دوستَم سارا اَست.

مَن سارا را دیدَم.

به او بَستَنی دادَم.

درس ۱۱

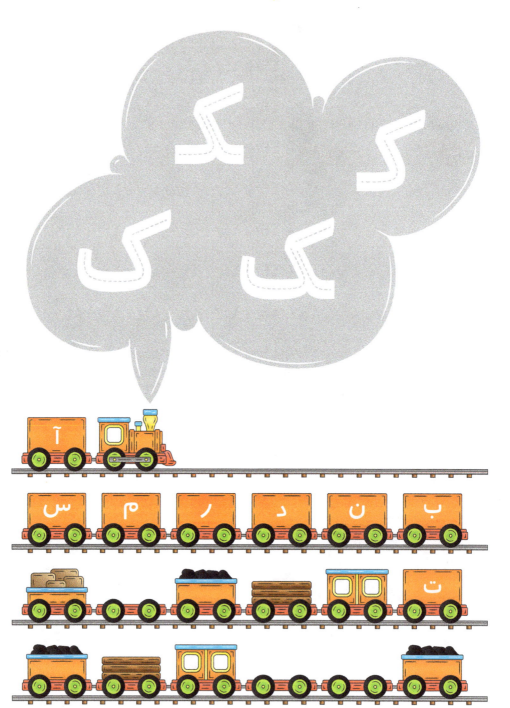

روی خطچین‌ها را در جهت فلش پر کن.
از روی شکل نمونه چند بار دیگر هم بنویس.

Trace the shapes by following the arrow.
Then practice more by copying the examples.

ک ک ک ک

ک ـ ک ـ ک
کـ ـ کـ ـ کـ
ـکـ ـ ـکـ ـ ـکـ
ـک ـ ـک ـ ـک

حرف ک را با شکل(های) درست هر صدا
ترکیب کن و بنویس.

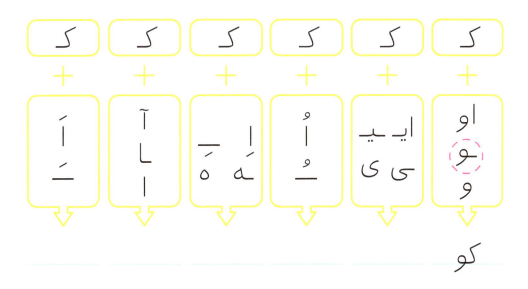

Write the correct combination(s) of ک
with each vowel.

ک	ک	ک	ک	ک	ک
+	+	+	+	+	+
او ـو و	ایـ ـیـ ـی ی	اُ ـُ	اِ ـِ ـه ه	آ ـا ا	اَ ـَ
کو					

تمرین‌ها

۱. اسم هر شکل را بنویس. برای کمک می توانی از کلمه‌های روبرو استفاده کنی.

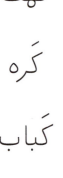

1. Write the name of each image using a word from the list.

دُکتُر

نَمک

کَره

کَباب

۲. به جای هر شکل، نام آن را بنویس و جمله را کامل کن.

2. Complete each sentence by writing the name of the image in the blank.

کَبوتَر   بادکُنَک   نَمَکدان   کِتاب

مَن دَر آسِمان ________ دیدَم.

________ دانه دوست دارَد.

بابَک سه تا ________ به مَن داد.

او ________ دَر دَست دارَد.

Lesson 11

3. Combine to make a word. ۳. ترکیب کن و کلمه را بنویس.

کا + سه ⇐ _____

کیـ + سه ⇐ _____

کو + سه ⇐ _____

با + ریک ⇐ _____

تا + ریک ⇐ _____

تَرسـ + ناک ⇐ _____

دیکته

۴. جمله‌های زیر را بخوان و دور کلمه‌هایی که **ک** دارند خط بکش.

4. Practice reading and circle any word that has the letter **ک**.

مَن کَباب دوست دارَم.

بابا کَباب دُرُست کَرد.

مَن به بابا کُمَک کَردم.

مَن نَمَک را به او دادَم.

مامان با کارد کَره را بُرید.

Lesson 11

5. Tell a Persian story for these pictures. ۵. برای تصاویر زیر یک داستان فارسی بگو.

درس ۱۲

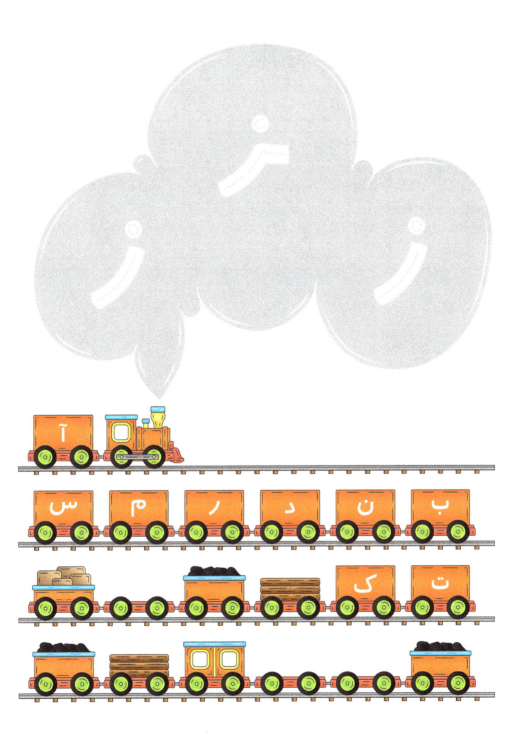

Trace the shapes by following the arrow.
Then practice more by copying the examples.

روی خطچین‌ها را در جهت فلش پر کن.
از روی شکل نمونه چند بار دیگر هم بنویس.

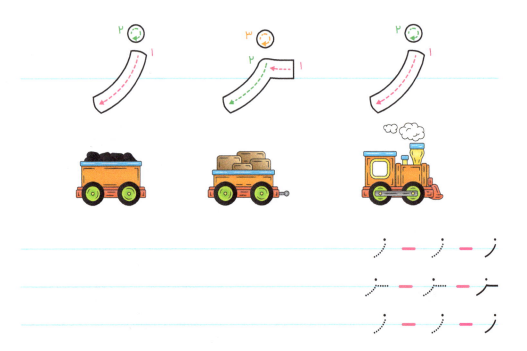

ز – ز – ز

ـز – ـز – ـز

ز – ز – ز

Write the correct combination(s) of ز with each vowel.

حرف ز را با شکل(های) درست هر صدا ترکیب کن و بنویس.

ز	ز	ز	ز	ز	ز
+	+	+	+	+	+
آ ـا ا	او ـو و	ایـ ـیـ ی ی	اَ ـَ	اِ ـِ ـه ه	اُ ـُ
زا					

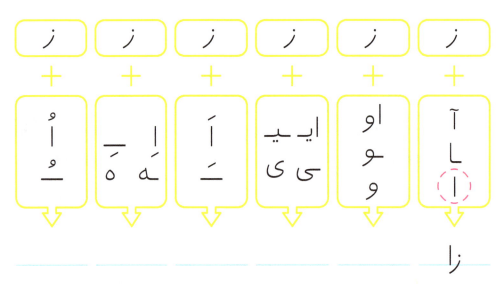

تمرین‌ها

۱. اسم هر شکل را بنویس. برای کمک می‌توانی از کلمه‌های روبرو استفاده کنی.

1. Write the name of each image using a word from the list.

بُز

بازار

زَنبور

۲. با گذاشتن نقطه کلمه‌ها را کامل کن و با صدای بلند بخوان.

2. Add the missing dots to complete each word and read.

رَٮان

مٮر

رَرد

3. Name each image and color those that have the ز sound.

۳. اسم هر شکل را بگو و هر کدام را که صدای ز دارد رنگ کن.
(حلزون، مگس، هزارپا، پشه، زنبور، عنکبوت)

4. Read the words and sort them based on their first sound.

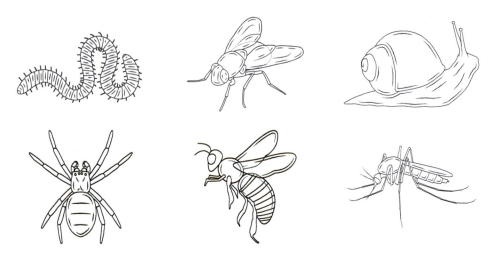

۴. کلمه‌های زیر را بلند بخوان و با توجه به صدای اولشان آنها را دسته‌بندی کن.

زیبا   کُمَک   کُمُد   زَمین   ساکِت

زَن   سِرکه   کاسه   سوزَن

سـ
در اول کلمه
Begins with

ز
در اول کلمه
Begins with

کـ
در اول کلمه
Begins with

۵. اسم اعضای بدن که در تصویر می‌بینی بنویس.

5. Write the name of each body part.

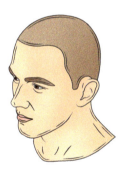

Lesson 12

دیکته

۶. جمله‌های زیر را بخوان و دور کلمه‌هایی که ز دارند خط بکش.

6. Practice reading and circle any word that has the letter ز.

دیروز مَدرِسه باز نَبود.

با بَرادَرَم بیرون بازی کَردیم.

زَنبور نَزدیک ما آمَد.

بَرادَرَم اَز زَنبور تَرسید.

درس ۱۳

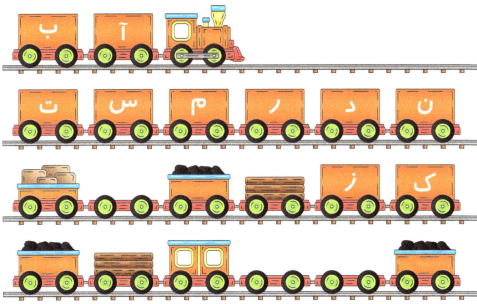

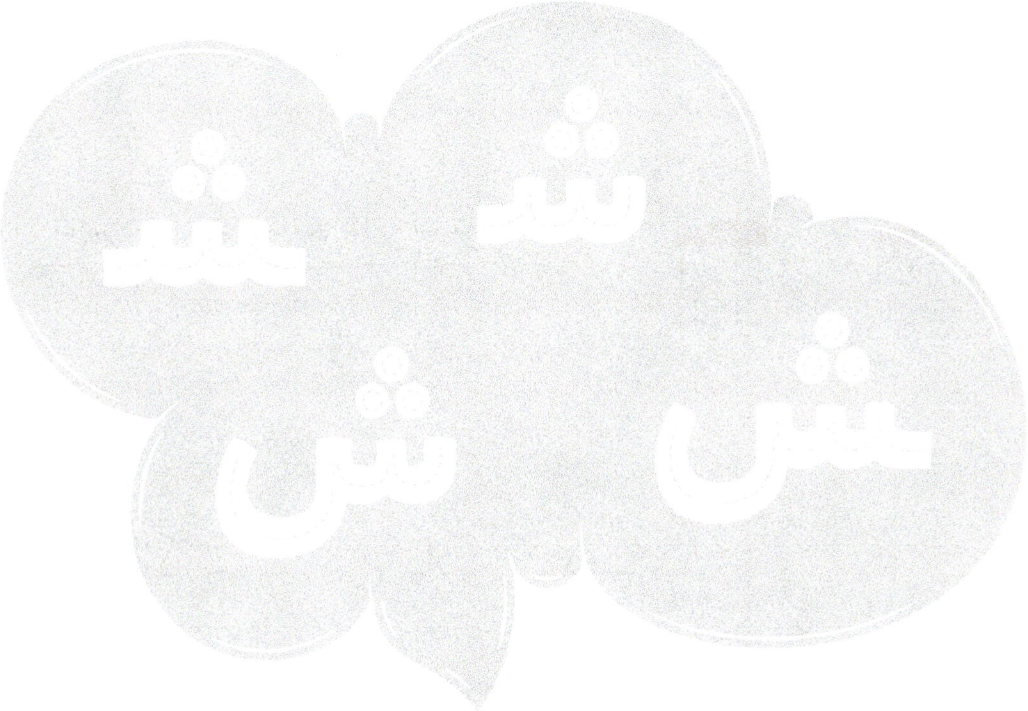

Trace the shapes by following the arrow.
Then practice more by copying the examples.

روی خطچین‌ها را در جهت فلش پر کن.
از روی شکل نمونه چند بار دیگر هم بنویس.

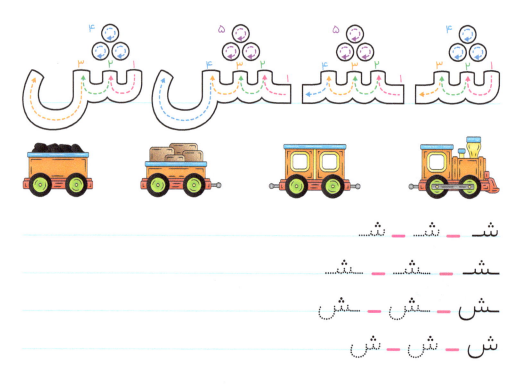

شـ – شـ – شـ

ـشـ – ـشـ – ـشـ

ـش – ـش – ـش

ش – ش – ش

Write the correct combination(s) of **ش** with each vowel.

حرف **ش** را با شکل(های) درست هر صدا ترکیب کن و بنویس.

شـ	شـ	شـ	شـ	شـ	شـ
+	+	+	+	+	+
اُ ـُ	اِ ـِ ـهِ ه	اَ ـَ	ایـ یـ ی ی	او ـو و	آ ـا ا
شُـ					

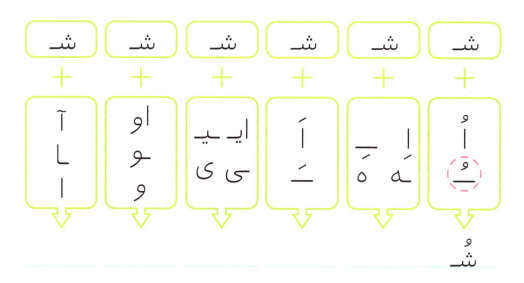

تمرین‌ها

۱. اسم هر شکل را در جای خالی بنویس.

1. Complete each sentence by writing the name of the image in the blank.

شِنا   شَب   آتَش   ماشین

________ آسِمان تاریک اَست.

شُما ________ دارید.

دَر سَرما ________ روشَن می‌کُنیم.

مَن ________ می‌کُنَم.

2. Complete the crossword by writing the word for each image.

۲. جدول را با نوشتن نام هر تصویر کامل کن.

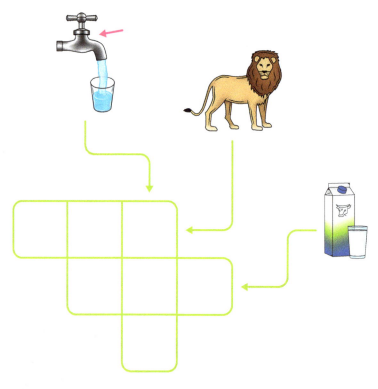

3. Rearrange the letters to make meaningful words.

۳. با مرتب کردن حروف کلمه معنی‌دار بساز و بنویس.

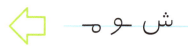

ش و م

شـ ـش ـِ

4. Connect each image to its name.

۴. هر تصویر را به اسمش وصل کن.

شانه

شِکَم

دَستکِش

مُشت

شَربَت

اَشک

مِداد تَراش

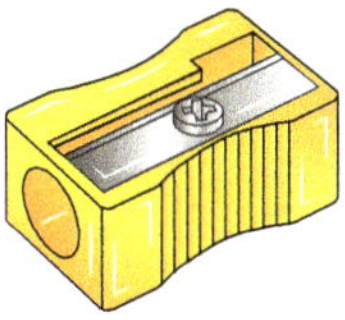

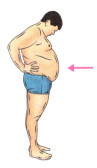

5. Connect the relevant words from the two columns.

۵. کلمه‌های مرتبط را به هم وصل کنید.

نَمَک	شیرین
شِکَر	تُرش
زِرِشک	شور
شَب	آب
تِشنه	تاریک

۶. دو قسمت هر جمله را به هم وصل کن تا جمله‌ها کامل شوند.

6. Connect the two parts and comeplete each sentence.

مِداد سَبز را

کَباب داشتیم.

دیروز

شیرینی دُرُست کَردَم.

ما دیشَب شام

شیشه را شِکَست.

باد شَدید

سه‌شَنبه بود.

با آرد

تَراشیدَم.

درس ۱۴

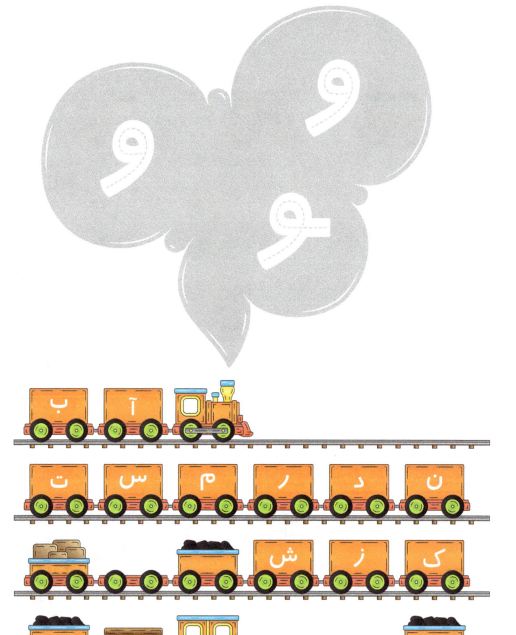

روی خط‌چین‌ها را در جهت فلش پر کن.
از روی شکل نمونه چند بار دیگر هم بنویس.

Trace the shapes by following the arrow.
Then practice more by copying the examples.

و ـو و

و – و – و

ـو – ـو – ـو

و – و – و

حرف **و** را با شکل(های) درست هر صدا
ترکیب کن و بنویس.

Write the correct combination(s) of **و** with
each vowel.

و	و	و	و	و	و
+	+	+	+	+	+
آ ـا ا	او ـو و	ایـ ـیـ ی ی	اَ ـَ	اِ ـِ ـهِ هِ	اُ ـُ
وا					

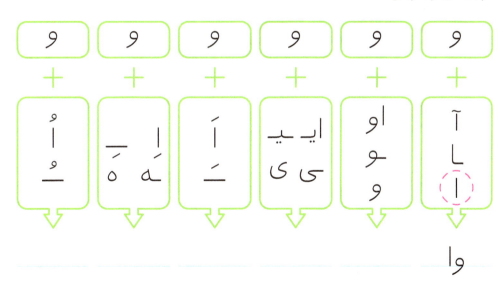

Lesson 14

تمرین‌ها

۱. اسم هر شکل را بنویس. برای کمک می‌توانی از کلمه‌های روبرو استفاده کنی.

1. Write the name of each image using a word from the list.

نانوا

سَماوَر

دیوار

میوه

۲. کلمه‌های زیر را با توجه به صدای **و** دسته‌بندی کن.

2. Sort the words based on the type of **و** sound.

ویتامین نوشابه وَرزِش سوت تَرسو زود داوَر آواز

| واو | ویتامین - |
| او | نوشابه - |

۳. ترتیب کلمه‌ها را طوری عوض کن که جمله معنی‌دار بسازی.

3. Rearrange the words in each set to create a meanigful sentence.

دُرُست - با آرد - می‌کُنَد - نان - نانوا

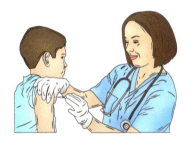

کاوه - دُکتُر - به - زَد - واکسَن

می‌نِویسَد - بابَک - دیکته

Lesson 14

4. Connect each image to its name.   ۴. هر تصویر را به اسمش وصل کن.

کِبریت

مِسواک

وَزنه

کارد

دَویدَن

سِکه

دیکته

۵. جمله‌های زیر را بخوان و دور کلمه‌هایی که و دارند خط بکش.

5. Practice reading and circle any word that has the letter و.

مَردُمِ کِشوَرِ ایران وَرزِشِ کُشتی را دوست دارَند.

مَن و بَرادَرَم کُشتی تَماشا کَردیم.

وَرزِشکارِ ایرانی بَرَنده شُد.

ما دَست زَدیم و شادی کَردیم.

6. Follow the example to connect the relevant words from the two columns.

۶. کلمه‌های مرتبط را مانند مثال به هم وصل کنید.

نان — کَندو

دَندان — نانوا

دَوا — کُمُد

میوه — مِسواک

کُت — بیمار

زَنبور — ویتامین

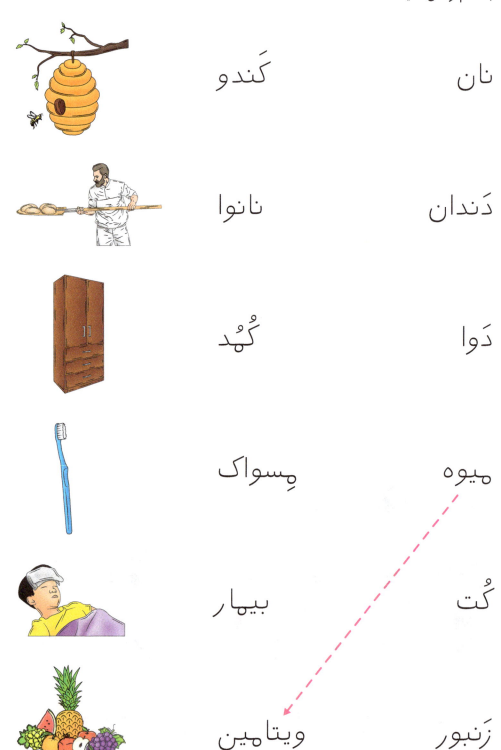

درس ۱۵

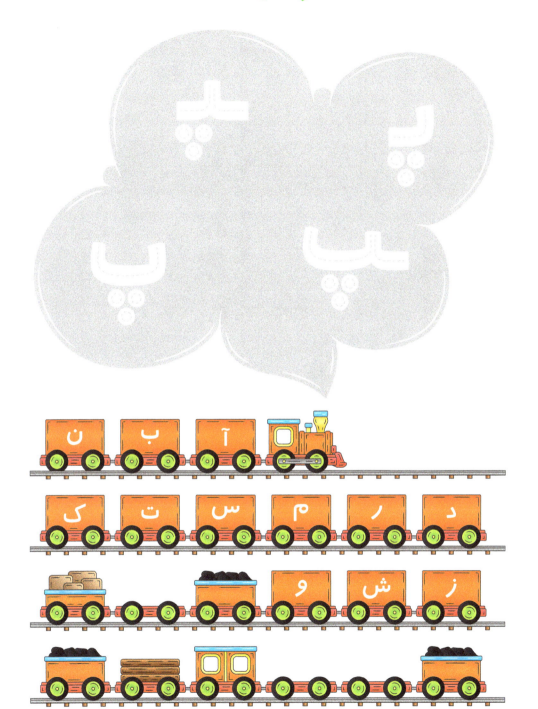

Trace the shapes by following the arrow.
Then practice more by copying the examples.

روی خط‌چین‌ها را در جهت فلش پر کن.
از روی شکل نمونه چند بار دیگر هم بنویس.

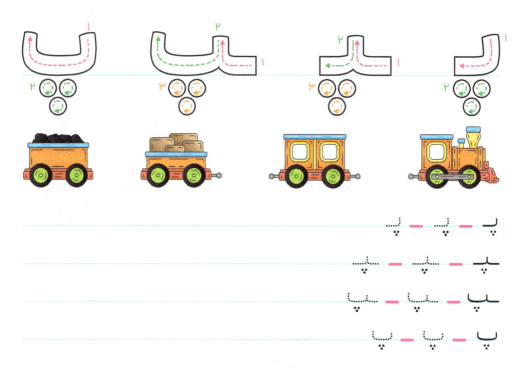

پـ – پـ – پـ

ـپـ – ـپـ – ـپـ

ـپ – ـپ – ـپ

پ – پ – پ

Write the correct combination(s) of پ with each vowel.

حرف پ را با شکل(های) درست هر صدا ترکیب کن و بنویس.

پـ	پـ	پـ	پـ	پـ	پـ
+	+	+	+	+	+
آ ـا ا	اَ ـَ ـه ه	ایـ ـیـ ی ی	اُ ـُ	اَ ـَ	او ـو و
پا					

تمرین‌ها

۱. اسم هر شکل را بنویس. برای کمک می‌توانی از کلمه‌های روبرو استفاده کنی.

1. Write the name of each image using a word from the list.

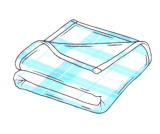

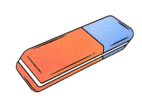

پوست

پَروانه

پاک‌کُن

پَتو

۲. با گذاشتن نقطه کلمه‌ها را کامل کن و با صدای بلند بخوان.

2. Add the missing dots to complete each word and read.

نَىىر   ىا   ىوب

Lesson 15

3. Read the sentences out loud. ۳. جمله‌های زیر را بلند بخوان.

پَرَنده دَر آسِمان پَرواز کَرد.

پِسَر توپ را با پا زَد.

دَستِ پارسا پُر از پِسته اَست.

پِدَرِ مَن نان وَ پَنیر را دوست دارَد.

۱۰۳

۴. کلمه‌های زیر را بخوان و با توجه به نوع صدای **و** دسته‌بندی کن.

4. Sort the words based on the type of **و** sound.

کِشوَر   پُشت   شور   شُتُر   نِوِشت   سوت

اُ	او	واو

۵. جدول را با نوشتن نام هر تصویر کامل کن.

5. Complete the crossword by writing the word for each image.

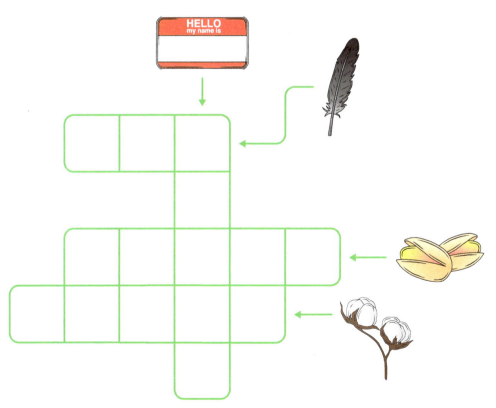

Lesson 15

دیکته

۶. جمله‌های زیر را بخوان و دور کلمه‌هایی که پ دارند خط بکش.

6. Practice reading aloud and circle any word that has the letter پ.

مَن با پِدَرَم دَر پارک بازی کَردیم.

مَن توپ را به پِدَر پَرتاب کَردم.

پِدَر توپ را با پا زَد.

توپ دور شُد.

۱۰۵

درس ۱۶

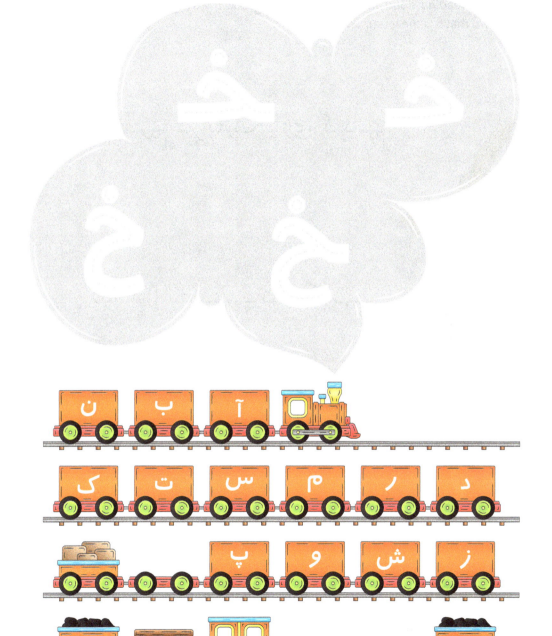

Trace the shapes by following the arrow.
Then practice more by copying the examples.

روی خطچین‌ها را در جهت فلش پر کن.
از روی شکل نمونه چند بار دیگر هم بنویس.

خـ - خـ - خـ
ـخـ - ـخـ - ـخـ
ـخ - ـخ - ـخ
خ - خ - خ

Write the correct combination(s) of خ with each vowel.

حرف خ را با شکل(های) درست هر صدا ترکیب کن و بنویس.

خـ	خـ	خـ	خـ	خـ	خـ
+	+	+	+	+	+
او ـو و	آ ـا ا	اَ ـَ	اِ ـِ ـَه ه	ایـ ـیـ ی ی	اُ ـُ
خو					

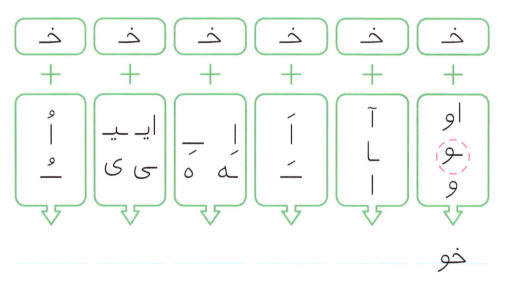

تمرین‌ها

۱. هر تصویر را به اسمش وصل کن.

1. Connect each image to its name.

خَنده

خُروس

تَخت

خِرس

ناخُن

نَخ

اِستَخر

Lesson 16

2. Complete the crossword by writing the word for each image.

۲. جدول را با نوشتن نام هر تصویر کامل کن.

دیکته

۳. جمله‌های زیر را بخوان و دور کلمه‌هایی که خ دارند خط بکش.

3. Practice reading aloud and circle any word that has the letter خ.

اِمروز مادَر دِرَخت خَرید.

پِدَر زَمین کِنار خانه را کَند.

مَن دِرَخت را دَر خاک کاشتَم.

مَن به آن آب دادَم تا خُشک نَشَوَد.

۱۱۰

درس ۱۷

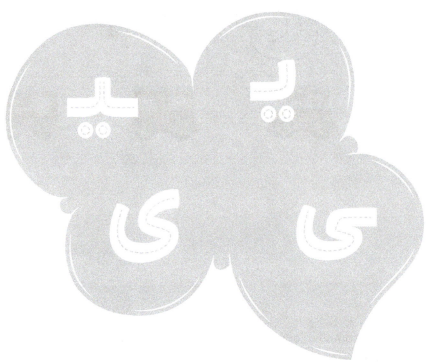

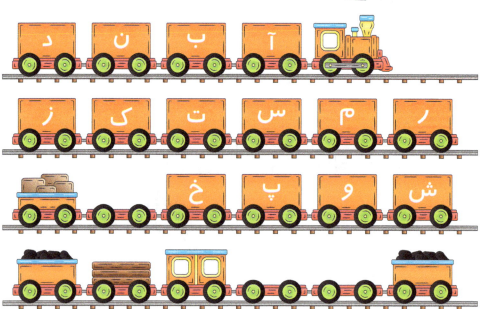

روی خط‌چین‌ها را در جهت فلش پر کن.
از روی شکل نمونه چند بار دیگر هم بنویس.

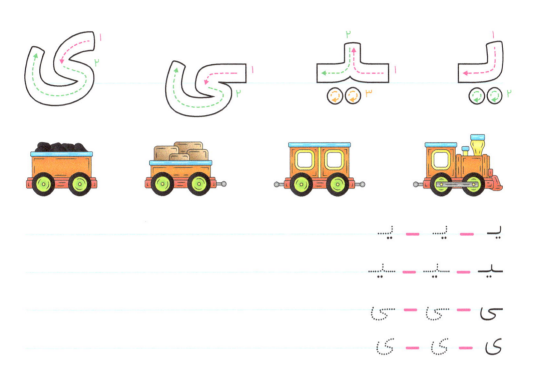

Trace the shapes by following the arrow.
Then practice more by copying the examples.

یـ ـیـ ی ی

یـ – یـ – یـ

ـیـ – ـیـ – ـیـ

ی – ی – ی

ی – ی – ی

حرف **ی** را با شکل(های) درست هر صدا ترکیب کن و بنویس.

Write the correct combination(s) of **ی** with each vowel.

یـ	یـ	یـ	یـ	یـ	یـ
+	+	+	+	+	+
آ ـا ا	او ـو و	اِ ـِ ـه ه	اُ ـُ	ایـ ـیـ ی ـی	اَ ـَ
یا					

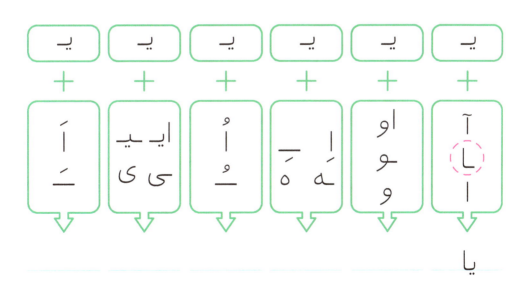

تمرین‌ها

1. Complete each sentence by writing the name of the image in the blank.

۱. به جای هر شکل، نام آن را بنویس و جمله را کامل کن.

دَریا	آینه	خیار	دِرَخت	یَخ

مَن خودَم را دَر ______ دیدَم.

ما دَر ______ شِنا می‌کُنیم.

در سَرما آب ______ می‌زَنَد.

مِیمون اَز رویِ ______ پَرید.

رایان رویِ ______ نَمَک ریخت.

2. Sort the words based on the type of ی sound.

۲. کلمه‌های زیر را با توجه به صدای ی دسته‌بندی کن.

یِک ایران زیاد خیس بیشتَر بایَد

صدایِ یِـ	صدایِ ایـ
یـ ی	ایـ ی

3. Fill the blank with the right word and read the completed sentence.

۳. هر جمله را با کلمه مناسب کامل کن و بخوان.

مینا ______ مَن را شانه کَرد. (مویِ/بویِ)

او ______ ما میوه آوَرد. (بَرایِ/رویِ)

دیکته

۴. جمله‌های زیر را بخوان و دور کلمه‌هایی که ی دارند خط بکش.

4. Practice reading aloud and circle any word that has the letter ی.

اِسمِ داییِ مَن آریا اَست.

او بَرادَرِ مادَرَم اَست.

دایی آریا آشپَزِ خوبی اَست.

او بَرایِ ما یِک کیکِ خوشمَزه دُرُست کَرد.

درس ۱۸

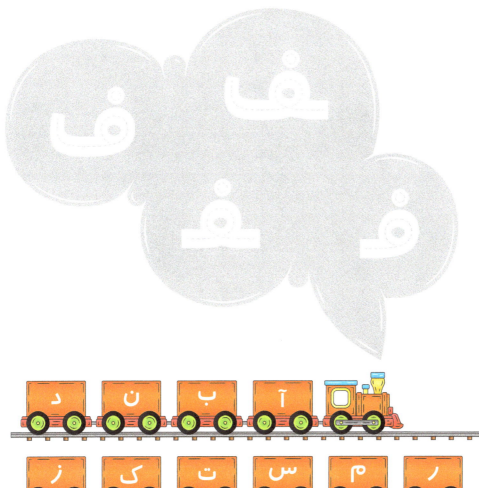

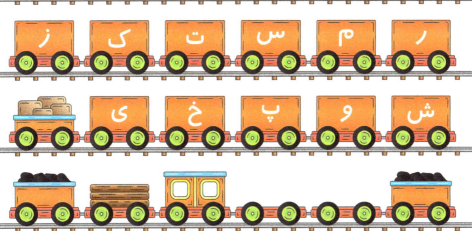

Trace the shapes by following the arrow.
Then practice more by copying the examples.

روی خطچین‌ها را در جهت فلش پر کن.
از روی شکل نمونه چند بار دیگر هم بنویس.

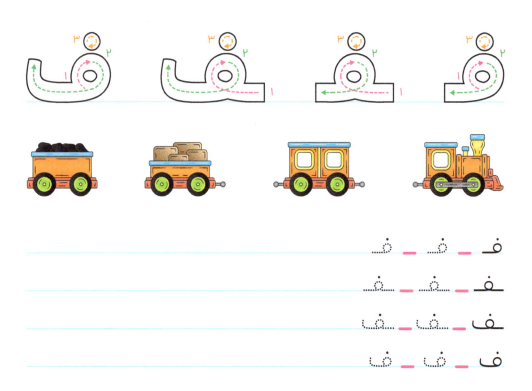

فـ فـ فـ

ـفـ ـفـ ـفـ

ـف ـف ـف

ف ف ف

Write the correct combination(s) of ف with each vowel.

حرف ف را با شکل(های) درست هر صدا ترکیب کن و بنویس.

فـ	فـ	فـ	فـ	فـ	فـ
+	+	+	+	+	+
اُ ـُ	اِ ـِ ـه ه	آ ـا ا	اَ ـَ	ایـ یـ ی ی	او ـو و
فُ					

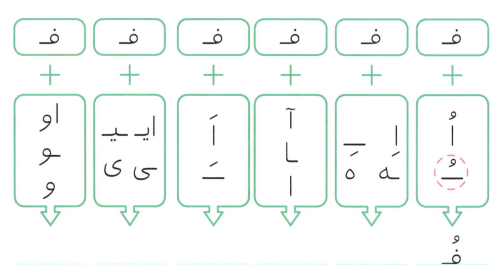

تمرین‌ها

۱. اسم هر شکل را بنویس. برای کمک می‌توانی از کلمه‌های روبرو استفاده کنی.

1. Write the name of each image using a word from the list.

بنَفش

کَفش

فَرش

فِرفِره

شُکوفه

فانوس

2. Find and color the name of 6 of the images. Then, combine the remaining letters to discover the name of the 7th image and write it in the provided space.

۲. اِسم ۶ تا از شکل‌ها را در جدول پیدا کن و رنگ کن. بعد با ترکیب کردن حروف باقیمانده اِسم شکل هفتم را پیدا کن و در جای خالی بنویس.

ـر	ـَـ	ـتـ	فـ	ـَـ	د	بـ
س	ـو	نـ	ـا	فـ	ـر	ـَـ
ه	ـِـ	ـف	ـيـ	ک	فـ	ـر
فـ	ش	ـر	ـَـ	فـ	ـر	ف
ـه	فـ	ـو	ـکـ	ـُـ	شـ	ـِـ

دیکته

۳. با استفاده از جدول راهنمای زیر، کلمات ناقص را کامل کن و از روی جمله‌ها بلند بخوان.

3. Complete the words by adding the missing letters from the table, and practice reading the sentences, aloud.

ر	س	ف	ت	ز

دیروز بَ ... فِ فَراوان بارید.

زَمین ...ِفید شُد.

مَن و بَرادَرَم کُ ... پوشیدیم.

ما با کَفش ...ِمِستانی بیرون رَفتیم.

ما یِک آدم بَر ... ی ساختیم.

درس ۱۹

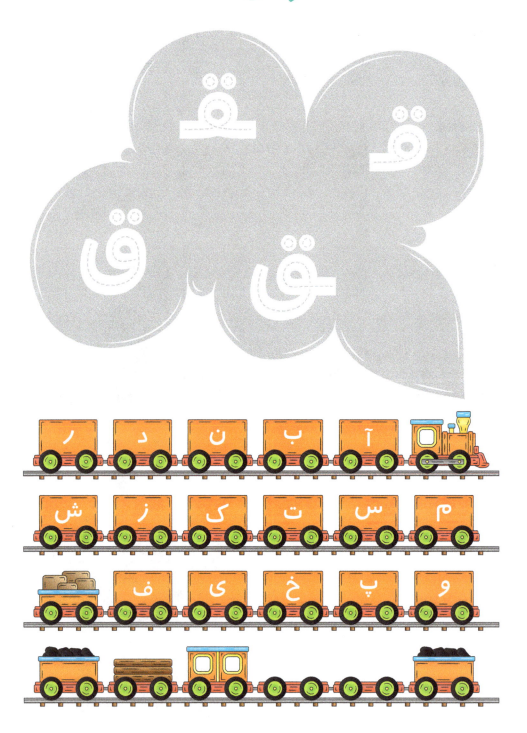

روی خطچین‌ها را در جهت فلش پر کن.
از روی شکل نمونه چند بار دیگر هم بنویس.

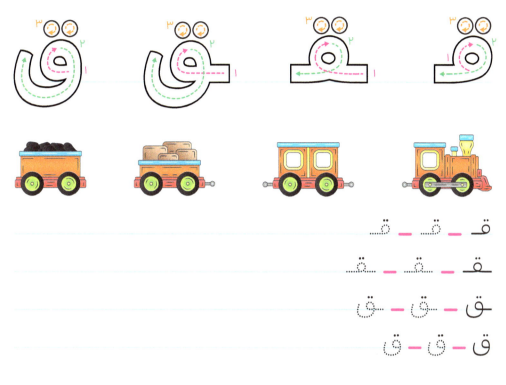

Trace the shapes by following the arrow.
Then practice more by copying the examples.

قـ ـ قـ ـ قـ

ـقـ ـ ـقـ ـ ـقـ

ـق ـ ـق ـ ـق

ق ـ ق ـ ق

حرف **ق** را با شکل(های) درست هر صدا ترکیب کن و بنویس.

Write the correct combination(s) of **ق** with each vowel.

قـ	قـ	قـ	قـ	قـ	قـ
+	+	+	+	+	+
اُ ـُ	اِ ـِ ـه ه	آ ـا ا	ایـ ـیـ ی ی	او ـو و	اَ ـَ

قَـ

تمرین‌ها

۱. اسم هر شکل را بنویس. برای کمک می‌توانی از کلمه‌های روبرو استفاده کنی.

1. Write the name of each image using a word from the list.

قوری

آقا

قو

فَندُق

بُشقاب

قاشُق

۲. با گذاشتن نقطه کلمه‌ها را کامل کن و با صدای بلند بخوان.

2. Add the missing dots to complete each word and read.

ٯِرمِر

اُٮاٯ

ٮُسڡاٮ

۳. کلمه‌هایی را که به هم ربط دارند با خط به هم وصل کن.

3. Connect the relevant words from the two columns.

نَخ

قَندان

قَند

ماشین

بوق

قِرقِره

Lesson 19

4. Rearrange the words in each set to create a meaningful sentence.

۴. ترتیب کلمه‌ها را طوری عوض کن که جمله معنی‌دار بسازی.

قَندان - مینا - اَز - قَند - را - پُر - کَرد

شُستَم - بُشقاب - را - مَن - قاشُق - وَ

دارَد - قایِق‌سَواری - او - دوست

دیکته

۵. جمله‌های زیر را بخوان
و دور کلمه‌هایی که **ق** دارند خط بکش.
برای این متن یک نقاشی بکش.

5. Practice reading aloud and circle any word that has the letter **ق**. Draw a picture that is related to the sentences.

اینْ اُتاقِ مَن اَست.

دیوارِ اُتاقِ مَن آبی اَست.

تَختِ مَن کِنارِ میز اَست.

مَن پُشتِ میز نِشَستَم وَ مَشق نِوِشتَم.

۶. کلمه‌های زیر را بخوان و با توجه به صدای اولشان دسته‌بندی کن.

6. Sort the words based on their first sound.

وَقت قَدیمی قاشُق پَرده وَرَق پَرواز

قـ در اول کلمه Begins with	واو در اول کلمه Begins with	پـ در اول کلمه Begins with

درس ۲۰

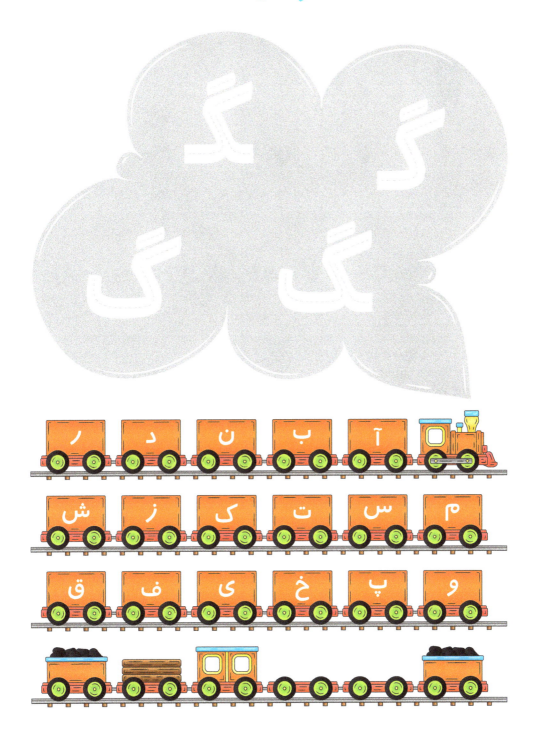

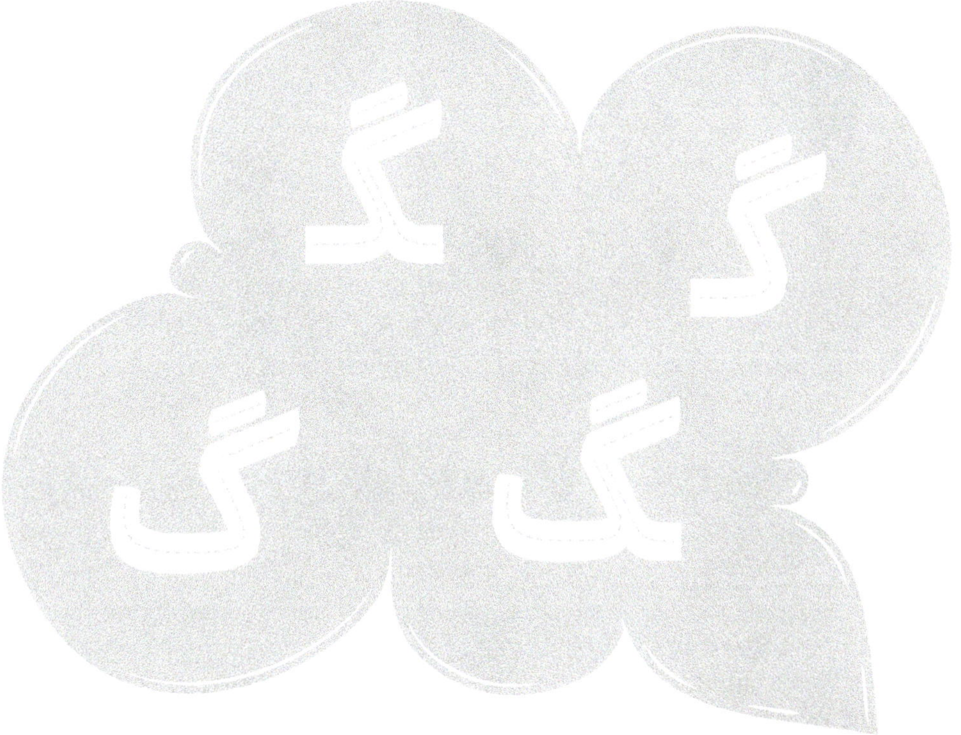

Trace the shapes by following the arrow.
Then practice more by copying the examples.

روی خط‌چین‌ها را در جهت فلش پر کن.
از روی شکل نمونه چند بار دیگر هم بنویس.

گ ـ گ ـ گ

گـ ـ گـ ـ گـ

ـگـ ـ ـگـ ـ ـگـ

ـگ ـ ـگ ـ ـگ

Write the correct combination(s) of گ with each vowel.

حرف گ را با شکل(های) درست هر صدا ترکیب کن و بنویس.

گ	گ	گ	گ	گ	گ
+	+	+	+	+	+
او ـو و	ایـ ـیـ ی ی	اُ ـُ	اِ ـِ ـه ه	آ ـا ا	اَ ـَ
گو					

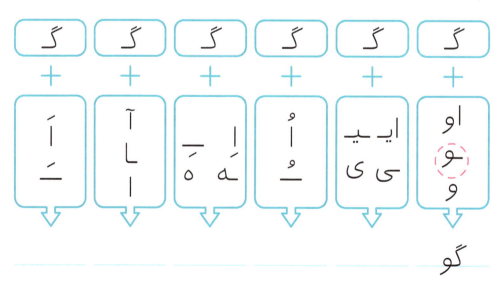

تمرین‌ها

۱. هر شکل را به صدای اول اسمش وصل کن.

1. Connect each image to the starting sound of its name.

گـ　　قـ

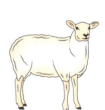

۲. با توجه به شکل جمله‌های زیر را کامل کن.

2. Complete the sentences using the image below.

گُربه ________ میز نِشَسته اَست.

موش ________ میز اَست.

سَگ ________ میز نِشَسته اَست.

Lesson 20

3. Rearrange the words in each set to create a meaningful sentence.

۳. ترتیب کلمه‌ها را طوری عوض کن که جمله معنی‌دار بسازی.

دارَد - زیاد - آوا - مِدادرَنگی

اَست - اَنگور - بُزُرگ - دِرَخت

شُد - اَنگُشتَر - مادَرَم - گُم

ما - می‌کُنَد - با - زِندِگی - مادَربُزُرگَم

دیکته

۴. جمله‌های زیر را بخوان و دور کلمه‌هایی که **گ** دارند خط بکش.

4. Practice reading aloud and circle any word that has the letter **گ**.

دوستِ مَن یِک سَگِ بُزُرگ دارَد.

رَنگِ سَگِ او سِفید اَست.

سَگ گوشت دوست دارَد.

او با دَندانَش گوشت را گاز می‌زَنَد.

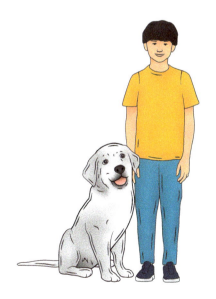

۱۳۲

درس ۲۱

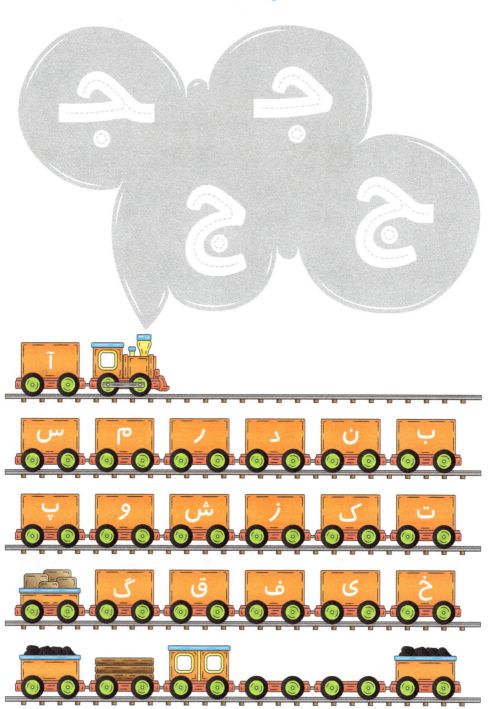

روی خطچین‌ها را در جهت فلش پر کن.
از روی شکل نمونه چند بار دیگر هم بنویس.

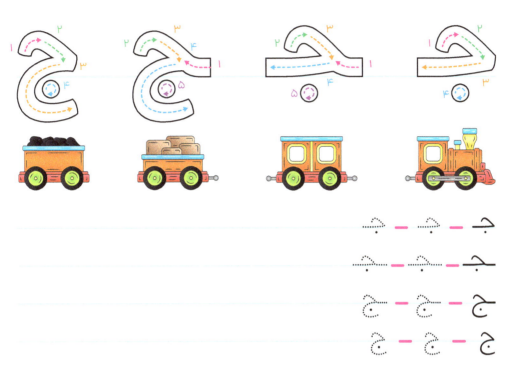

Trace the shapes by following the arrow.
Then practice more by copying the examples.

ج – ج – ج

جـ – جـ – جـ

ـج – ـج – ـج

ج – ج – ج

حرف **ج** را با شکل(های) درست هر صدا
ترکیب کن و بنویس.

Write the correct combination(s) of **ج**
with each vowel.

جـ	جـ	جـ	جـ	جـ	جـ
+	+	+	+	+	+
او ـو و	آ ـا ا	اَ ـَ	اِ ـِ ـه ه	ایـ ـیـ ی ی	اُ ـُ
جو					

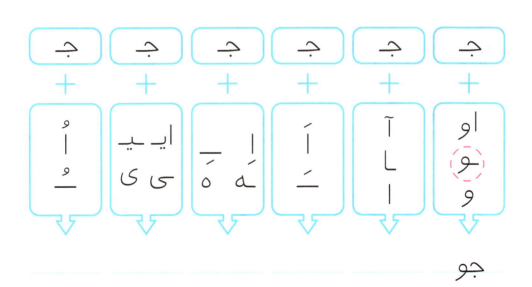

Lesson 21

تمرین‌ها

1. Connect each image to its name.

۱. هر تصویر را به اسمش وصل کن.

 جوراب

 پَنجِره

 پَنج

  فِنجان

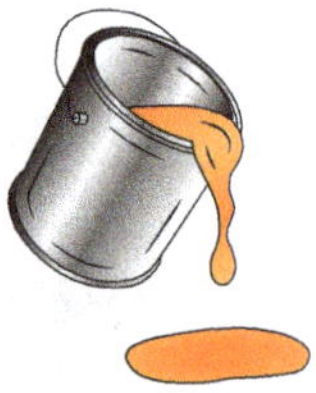

  نارِنجی

 جوجه

۲. بخش‌ها را به هم وصل کن
تا اسم کامل هر شکل را بنویسی.

2. Connect the right syllabus to complete and write the name of each image.

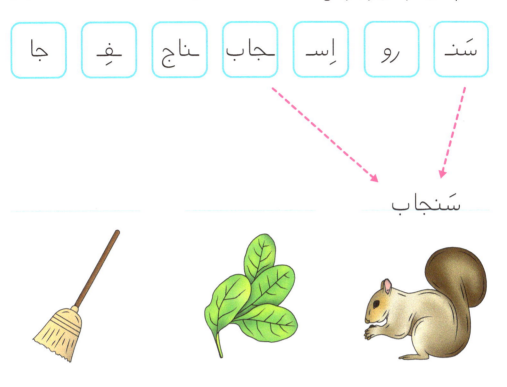

سَنـ	رو	اِسـ	ـجاب	ـناج	ـفِ	جا

سَنجاب

۳. هر شکل را به صدای اول اسمش
وصل کن.

3. Connect each image to the starting sound of its name.

ج	خ

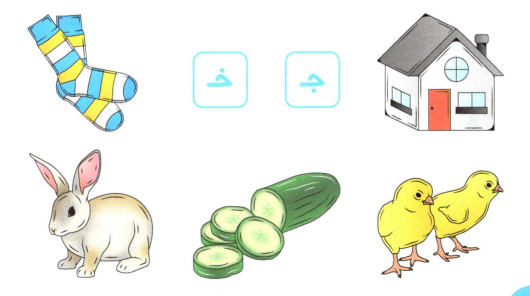

دیکته

4. Using the correct word from the table, complete and read each sentence.

۴. در هر جای خالی کلمه‌ی مناسب را بنویس و جمله را بخوان.

جوراب	گُنجِشک	جَشن	جَدید	جَواب

خانه‌ی ______ ما پَنجِره بُزُرگ دارَد.

مَن ______ نوروز را دوست دارَم.

مَن ______ دُرُست دادَم و جایِزه گِرِفتَم.

______ مَن کُجا اَست؟

______ رویِ شاخه نِشَست.

درس ۲۲

هـ ه ـه

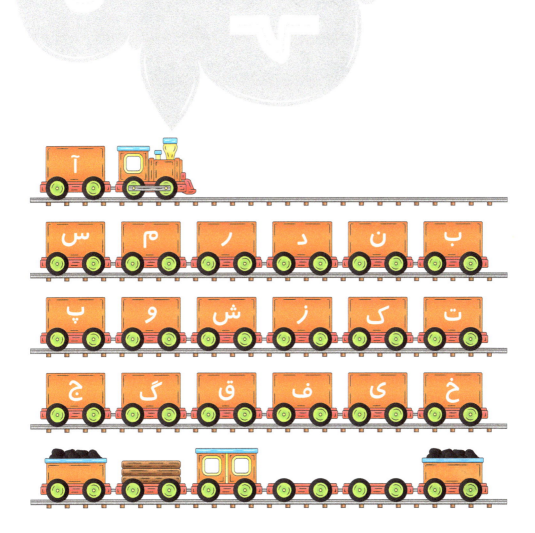

Trace the shapes by following the arrow.
Then practice more by copying the examples.

روی خطچین‌ها را در جهت فلش پر کن.
از روی شکل نمونه چند بار دیگر هم بنویس.

هـ – هـ – هـ

ـهـ – ـهـ – ـهـ

ـه – ـه – ـه

ه – ه – ه

Write the correct combination(s) of ه with each vowel.

حرف ه را با شکل(های) درست هر صدا ترکیب کن و بنویس.

هـ	هـ	هـ	هـ	هـ	هـ
+	+	+	+	+	+
آ ـا ا	اِ ـِ ـه ه	اُ ـُ	ایـ ـیـ ی ـی	اَ ـَ	او ـو و
ها					

تمرین‌ها

۱. هر تصویر را به اسمش وصل کن.

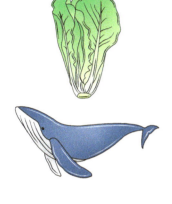

1. Connect each image to its name.

هَویج

کاهو

ماه

بَهار

نَهَنگ

مِهمانی

2. Complete the name of each image.

۲. اسم هر شکل را کامل کن.

ه　　ـه　　ـه

ـه　　ه　　ـحـ

۳. کلمه‌های زیر را با توجه به صدای ه دسته‌بندی کن.

3. Sort the words based on the type of ه sound.

ماه هَفت پَنجِره پیراهَن دَه

به جوجه شاخه کوتاه پَرَنده

اِ ــِ ـه ه	هـ ـهـ ـه ه

دیکته

4. Practice reading aloud and circle any word that has the letter ه.

۴. جمله‌های زیر را بخوان و دور کلمه‌هایی که ه دارند خط بکش.

هوا دَر شَهرِ ما سَرد اَست.

ما با هَواپِیما به مُسافِرَت می‌رَویم.

ما یِک هَفته دَر شَهرِ گَرمتَر گَردِش می‌کنیم.

ما هَوایِ آفتابی را دوست داریم.

درس ۲۳

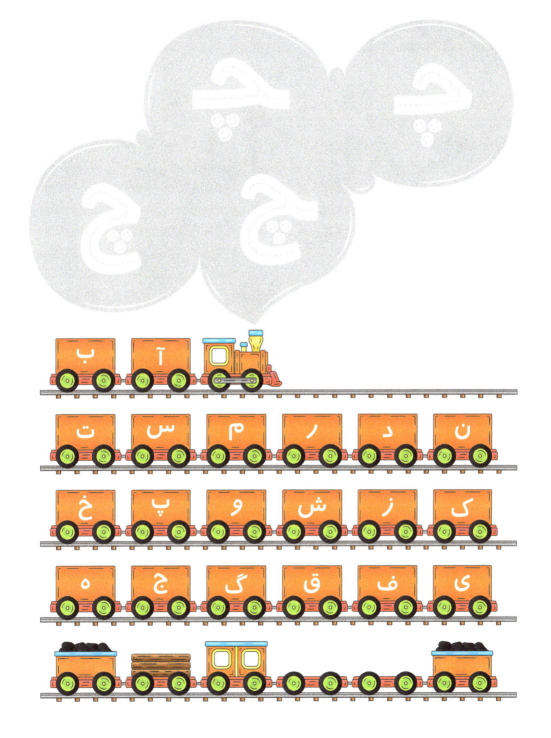

Trace the shapes by following the arrow.
Then practice more by copying the examples.

روی خطچین‌ها را در جهت فلش پر کن.
از روی شکل نمونه چند بار دیگر هم بنویس.

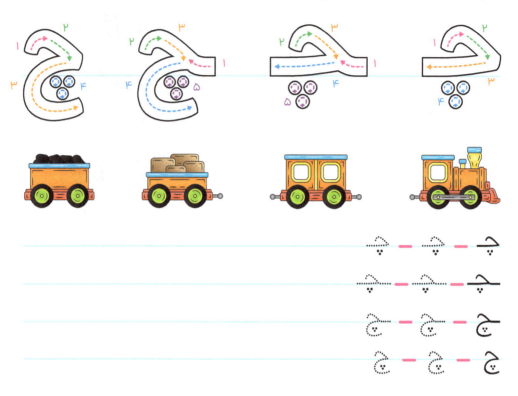

چـ – چـ – چـ

ـچـ – ـچـ – ـچـ

ـچ – ـچ – ـچ

چ – چ – چ

Write the correct combination(s) of چ with each vowel.

حرف چ را با شکل(های) درست هر صدا ترکیب کن و بنویس.

چـ	چـ	چـ	چـ	چـ	چـ
+	+	+	+	+	+
او ـو و	اِ ـِ ـه ه	آ ـا ا	ایـ ـیـ ی ی	اُ ـُ	اَ ـَ
چو					

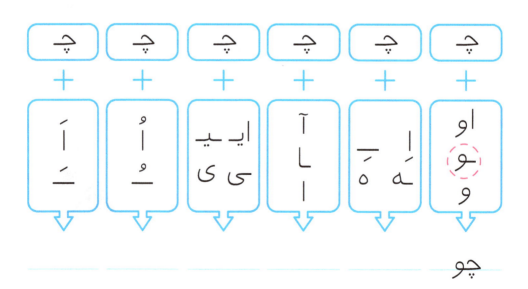

تمرین‌ها

1. Write the name of each image using a word from the list.

۱. اسم هر شکل را بنویس. برای کمک می‌توانی از کلمه‌های روبرو استفاده کنی.

پَرچَم

قارچ

چَرخ

چِشم

چوب

چاقو

 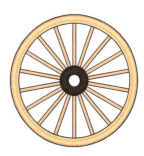

2. Connect each image to the starting sound of its name.

۲. هر شکل را به صدای اول اسمش وصل کن.

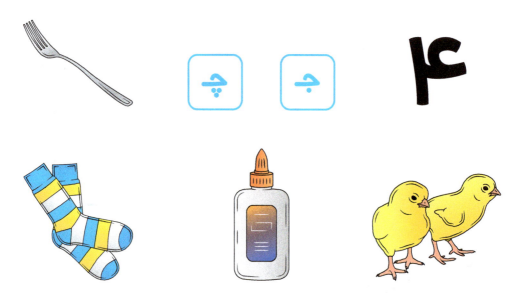

چ   ج   ۴

3. Rearrange the letters to make meaningful words.

۳. با مرتب کردن حروف کلمه معنی‌دار بساز و بنویس.

ن ه چ ا

چ م ُ

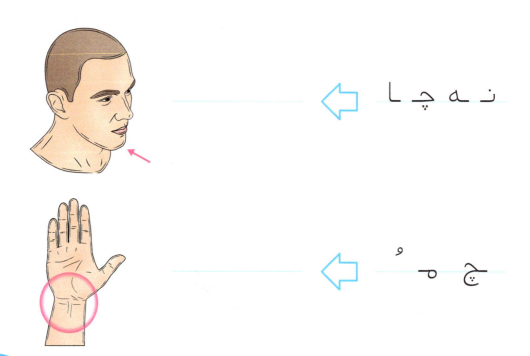

دیکته

۴. در هر جای خالی کلمه‌ی مناسب را بنویس و جمله را بخوان.

4. Using the correct word from the table, complete and read each sentence.

چَمِدان	چَهارشَنبه	چون	چیز	چَکمه

ما ______ به مُسافِرَت می‌رَویم.

مَن دَر ______ جوراب وَ چَند چیزِ دیگَر دارَم.

______ وَ چَتر با خودَم نِمی‌بَرَم.

______ آنجا هَوا بارانی نیست.

درس ۲۴

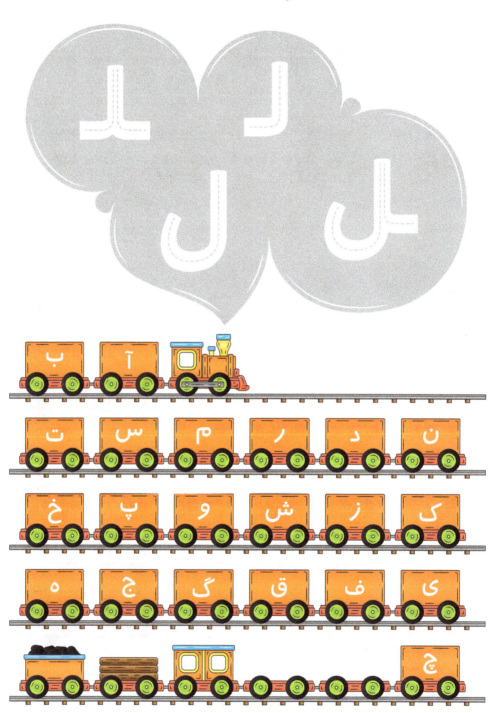

Trace the shapes by following the arrow.
Then practice more by copying the examples.

روی خط‌چین‌ها را در جهت فلش پر کن.
از روی شکل نمونه چند بار دیگر هم بنویس.

ل ـلـ ـل ل

ل - ل - ل
ـلـ - ـلـ - ـلـ
ـل - ـل - ـل
ل - ل - ل

Write the correct combination(s) of ل with each vowel.

حرف ل را با شکل(های) درست هر صدا ترکیب کن و بنویس.

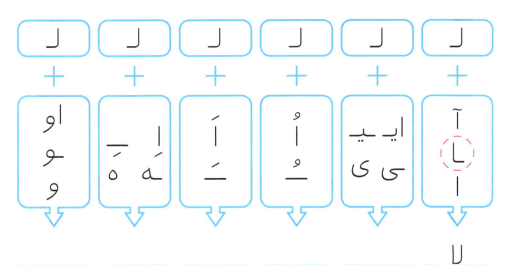

ل	ل	ل	ل	ل	ل
+	+	+	+	+	+
آ ـا ا	ایـ ـیـ ی ی	اُ ـُ	اَ ـَ	اِ ـِ ه ـه	او ـو و
لا					

Lesson 24

تمرین‌ها

1. Connect each image to its name.

۱. هر تصویر را به اسمش وصل کن.

گُل

لَب

لیوان

کُلاه

پول

کِلاس

۲. کلمه‌های زیر را بخوان و در دو گروه دسته‌بندی کن.

2. Read and sort the words in the box into two categories.

گُلابی   پَلَنگ   فیل   هُلو
لاک‌پُشت   آلبالو   گیلاس   روباه

میوه

حِیوان

3. Write down the name of each image and make a meaningful sentence with that word.

۳. اسم هر شکل را بنویس
و با آن یک جمله معنی‌دار بساز.

4. Choose the right word to fill each blank.

۴. جاهای خالی را
با کلمه‌های مناسب پر کن.

بُلَند　　لانه　　گُلدان　　فِلفِل

مویِ خاله‌ی مَن خیلی ______ اَست.

بُلبُل بالایِ دِرَخت ______ ساخت.

مادَربُزُرگَم گُل لاله دَر ______ کاشت.

مادَرَم رویِ سالاد نَمَک، ______ و آبلیمو ریخت.

درس ۲۵

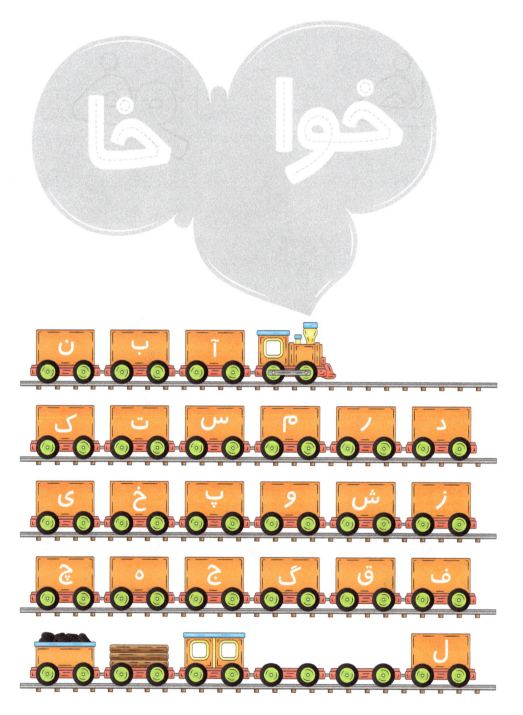

روی خط چین‌ها را در جهت فلش پر کن.
از روی شکل نمونه چند بار دیگر هم بنویس.

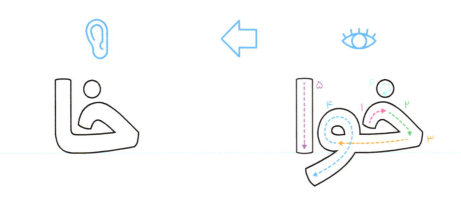

Trace the shapes by following the arrow.
Then practice more by copying the examples.

خوا   خا

خوا ـ خوا ـ خوا

تمرین‌ها

۱. اسم هر شکل را با اضافه کردن «خوا» کامل کن و بخوان.

1. Complete each word by adding the missing «خوا», then read.

ب ______   اُستِ ______ ن   ______ نَنده

۲. کلمه‌های زیر را بخوان و با توجه به شکل «خوا» و «خا» دسته‌بندی کن.

2. Read and sort the words in the box into two categories based on the «خوا» and «خا» form.

خواهِش	خانُم	تَختِ خواب	خاله
رودخانه	می‌خواهَم	خواهَر	خانِواده

خوا	خا

۳. ترکیب کن تا کلمه بسازی. کلمه را در جای خالی بنویس و بخوان.

3. Combine to make a word. Write in the blank and read each word.

خوا
- هَر
- هِش
- بید

خوانـ
- ـدَم
- ـنده
- ـدَند

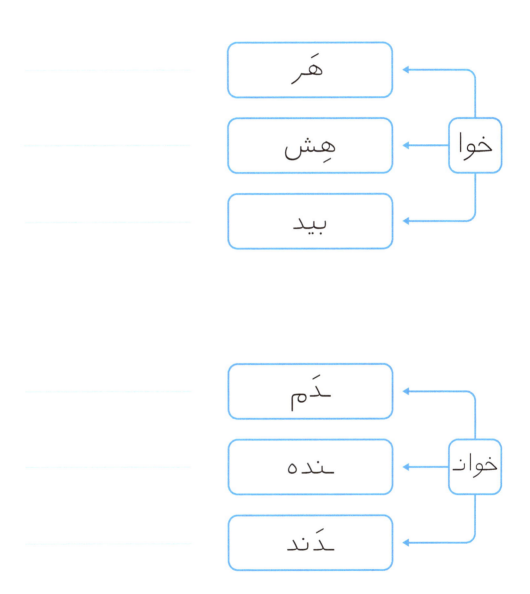

Lesson 25

دیکته

4. Fill the blank using the correct word, then read each completed sentence.

۴. در هر جای خالی کلمه‌ی مناسب را بنویس و جمله‌ی کامل شده را بخوان.

خواهِش   بِخوانَد   خواهَر   می‌خوانَد   می‌خواهَم

اِسمِ _____ مَن لِیلا اَست.

مَن اَز خواهَرَم _____ کَردَم که یِک داستان فارسی بَرایَم _____ .

وَقتی خواهَرَم کِتاب _____ مَن خوب گوش می‌دَهَم.

مَن _____ فارسی خواندَن را خوب یاد بِگیرَم.

درس ۲۶

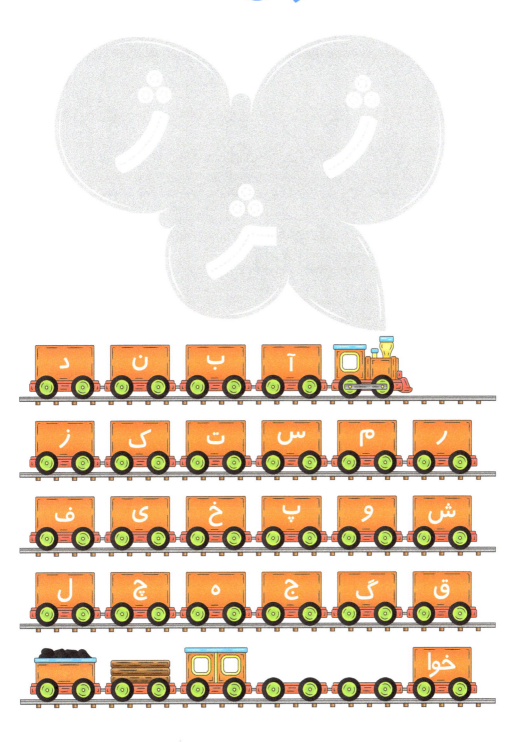

Trace the shapes by following the arrow.
Then practice more by copying the examples.

روی خط‌چین‌ها را در جهت فلش پر کن.
از روی شکل نمونه چند بار دیگر هم بنویس.

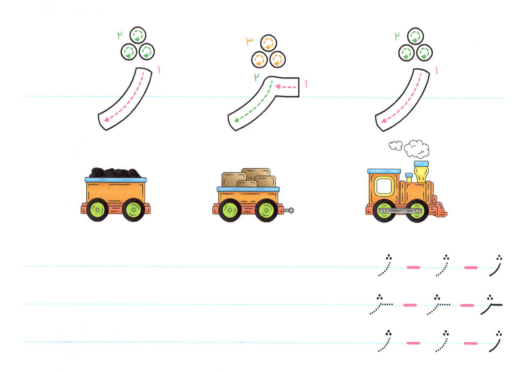

ژ – ژ – ژ

ـژ – ـژ – ـژ

ژ – ژ – ژ

Write the correct combination(s) of ژ with each vowel.

حرف ژ را با شکل(های) درست هر صدا ترکیب کن و بنویس.

ژ	ژ	ژ	ژ	ژ	ژ
+	+	+	+	+	+
آ ـا ا	او ـو و	ایـ ـیـ ی ی	اَ ـَ	اِ ـِ ـه ه	اُ ـُ
ژا					

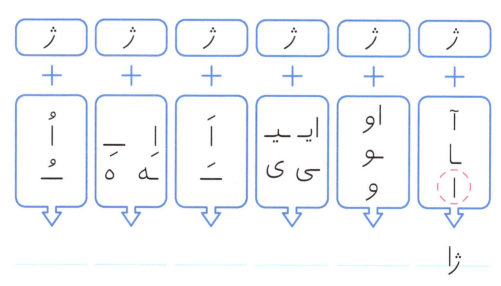

تمرین‌ها

۱. اسم هر شکل را بنویس. برای کمک می‌توانی از کلمه‌های روبرو استفاده کنی.

1. Write the name of each image using a word from the list.

ژاکَت

ژِله

ژیمناستیک

مُژه

پیژامه

اِژدِها

۲. با گذاشتن نقطه کلمه‌ها را کامل کن و بلند بخوان.

2. Add the missing dots to complete each word and read.

ٮٮار   راکَٮ   ٯارح

۳. با کلمه‌های زیر جمله‌ی معنی‌دار بساز.

3. Write a full sentence using each word.

اِنِرژی

خواهَر

کِلاس

۳. ترتیب کلمه‌ها را طوری عوض کن که جمله معنی‌دار بسازی.

3. Rearrange the words in each set to create a meanigful sentence.

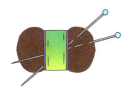

آژیر - دارَد - پُلیس - ماشینِ

___

بافت - یِک - ژاکَتِ - قَهوه‌ای - او

___

خواهَرِ - اَست - مُژگان - اِسمِ - مَن

___

آب - گُل - بِدونِ - پَژمُرده - می‌شَوَد

___

خوابید - ژاله - دیشَب - زود

___

درس ۲۷

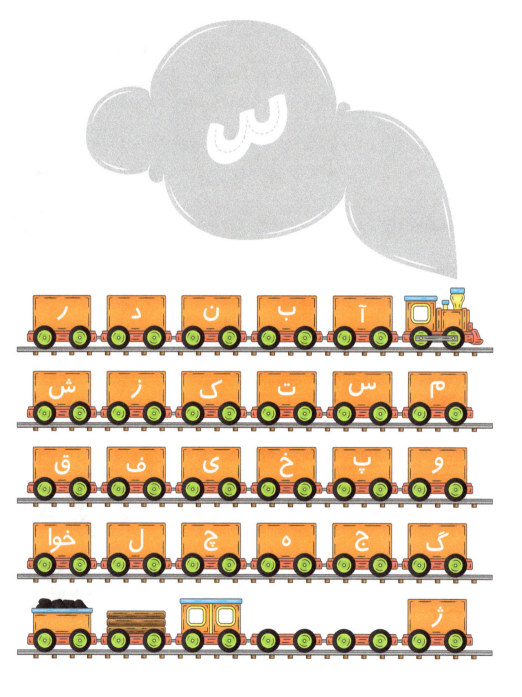

روی خطچین‌ها را در جهت فلش پر کن.
از روی شکل نمونه چند بار دیگر هم بنویس.

Trace the shapes by following the arrow.
Then practice more by copying the examples.

س

تمرین‌ها

۱. اسم هر شکل را بگو و مانند تمرین نمونه کامل کن.

1. Name each image and complete the practice, following the example.

سِکّه ← سِ‌ککه

پِلّه

بَچّه

2. Read the words and add the missing ّ sign where is needed.

۲. کلمه‌های زیر را بخوان و علامت **تشدید** را در جای لازم اضافه کن.

دِقَت قُله تَشَکُر نَقاش

ّ

دَره نَجار دُوُم قَنادی

3. Follow the example to combine the two segments of the word and write the completed word by placing the ّ sign on the correct position.

۳. مانند نمونه، بخش اول و دوم را ترکیب کن و کلمه‌ی کامل شده را با گذاشتن **تشدید** در جای مناسب بنویس.

بَر + ره

بَرّه

پِلـ + له

اَو + ول

مُرَبـ + با

۴ هر کلمه را در جدول زیر پیدا کن و دورش خط بکش.

4. Find and circle each word in the grid table.

تـ	ـد	ـیـ	بـ	ا	ـو	خـ
ـا	ـّـ	بـ	ـَـ	ـر	ـُـ	مـ
ر	ـفـ	ه	ـر	ـفـ	ـُـ	سـ
ـیـ	ـَـ	ـه	ـّـ	ـچـ	ـَـ	بـ
ـک	ـر	ـا	ه	ـلـ	ـُـ	گـ
ـُـ	ش	ـا	ـّـ	ـفـ	ـَـ	کـ

بَچّه گُل کَفّاش

خوابید مُرَبّا خُفّاش

تاریک سُفره فَرش

بَرّه

دیکته

5. Practice reading the sentences. Find the words that have ّ and write them in the space provided, below.

۵. جمله‌های زیر را بلند بخوان. کلمه‌های تشدیددار را در جای خالی پایین صفحه بنویس.

رُژان کِلاسِ اَوَّل اَست.

او دَر دَفتَر نَقّاشی می‌کُنَد.

او یِک زَرّافه با گَردَنِ دِراز می‌کِشَد.

او با دِقَّت زَرّافه را رَنگ می‌کُنَد.

درس ۲۸

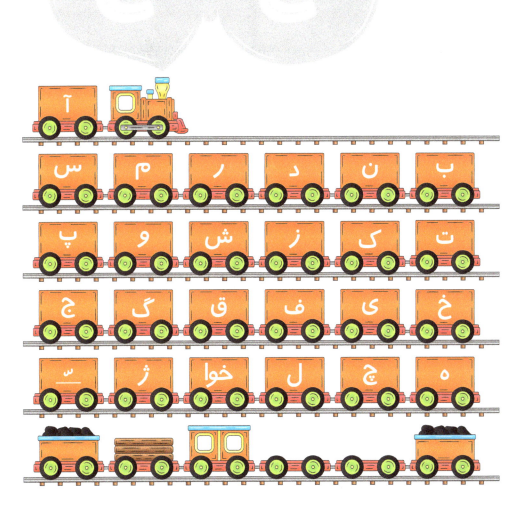

Trace the shapes by following the arrow.
Then practice more by copying the examples.

روی خط‌چین‌ها را در جهت فلش پر کن.
از روی شکل نمونه چند بار دیگر هم بنویس.

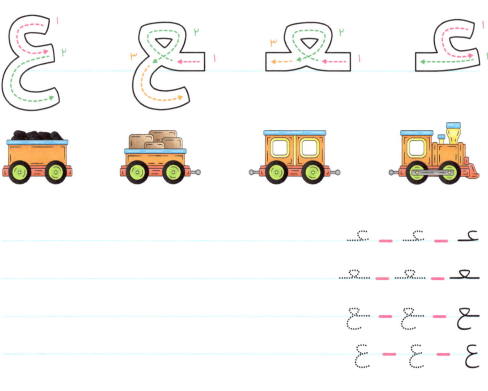

عـ – عـ – عـ

ـعـ – ـعـ – ـعـ

ـع – ـع – ـع

ع – ع – ع

Write the correct combination(s) of ع with each vowel.

حرف ع را با شکل(های) درست هر صدا ترکیب کن و بنویس.

عـ	عـ	عـ	عـ	عـ	عـ
+	+	+	+	+	+
اُ ـُ	اِ ـِ ـهِ هِ	اَ ـَ	ایـ ـیـ ـی ی	او ـو و	آ ـا ا
					عا

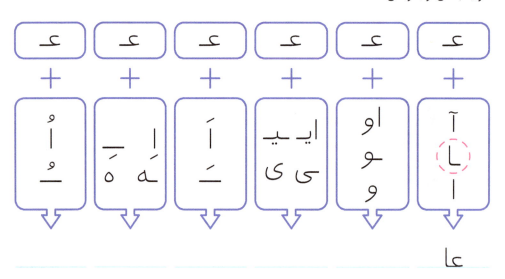

تمرین‌ها

۱. هر تصویر را به اسمش وصل کن.

1. Connect each image to its name.

عِینَک

ساعَت

عَدَد

عَروسَک

مُعَلِّم

عَکس

Lesson 28

2. Find the name of each one from the list, write it down, and color the image.

۲. اسم هر کدام را از میان لیست کلمات پیدا کن، زیرش بنویس و تصویر را رنگ کن.

عَروس   مُرَبَّع   عَنکَبوت
جَعبه   عَسَل   شَمع

3. Use the correct word to complete each sentence.

۳. با نوشتن کلمه مناسب در جای خالی، جمله‌های زیر را کامل کن.

ساعَت　　جُمعه　　عَمو　　عِیدی

______ بَرایِ بَچّه‌ها کِتاب می‌خوانَد.

پِدَرَم عِیدِ نوروز به مَن ______ داد.

______ چَند اَست؟

دَر ایران روزِ ______ مَدرِسه‌ها بَسته هَستَند.

Lesson 28

دیکته

4. Practice reading aloud and circle any word that has the letter ع.

۴. جمله‌های زیر را بخوان و دور کلمه‌هایی که ع دارند خط بکش.

دیروز تَوَلُّدَم بود.

دوستانَم دَعوَت بودَند.

آنها شِعرِ «تَوَلُّد مُبارَک» را خواندَند.

مَن شَمع را فوت کَردَم.

ما عَکس گِرِفتیم.

بَعد هدیه‌ها را باز کَردَم.

مَن یِک ساعَت وَ عِینکِ آفتابی هدیه گِرِفتَم.

درس ۲۹

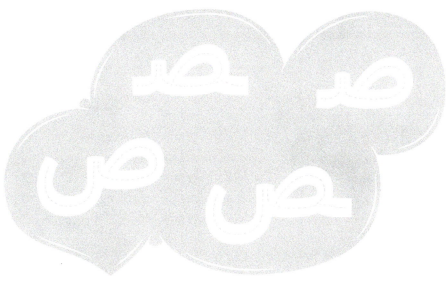

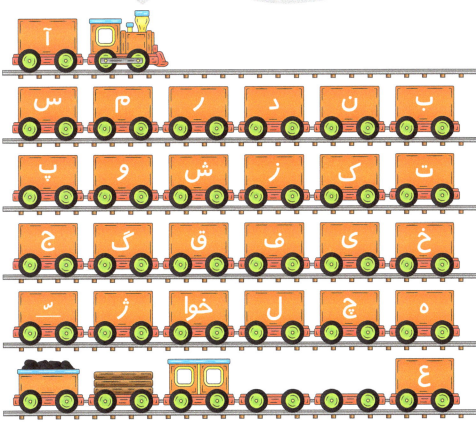

Trace the shapes by following the arrow.
Then practice more by copying the examples.

روی خط‌چین‌ها را در جهت فلش پر کن.
از روی شکل نمونه چند بار دیگر هم بنویس.

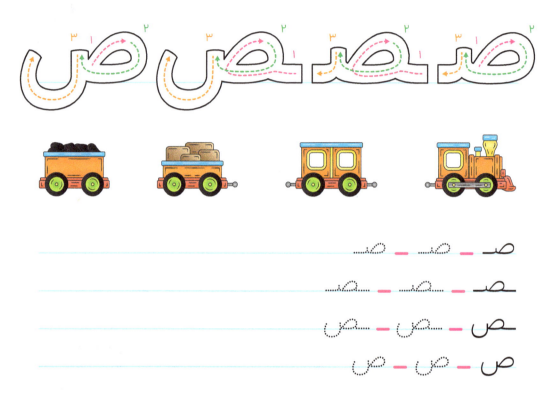

صـ ـصـ ـص ص

صـ - صـ - صـ

ـصـ - ـصـ - ـصـ

ـص - ـص - ـص

ص - ص - ص

Write the correct combination(s) of ص with each vowel.

حرف ص را با شکل(های) درست هر صدا ترکیب کن و بنویس.

صـ	صـ	صـ	صـ	صـ	صـ
+	+	+	+	+	+
اَ ـَ	او ـو و	ایـ یـ ی ی	آ ـا ا	اَ ـَ ـه ه	اُ ـُ
صَـ					

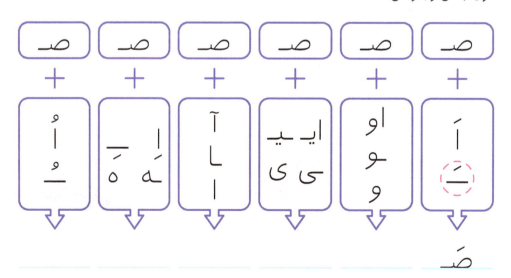

تمرین‌ها

۱. اسم هر شکل را بنویس. برای کمک می‌توانی از کلمه‌های روبرو استفاده کنی.

1. Write the name of each image using a word from the list.

صَندَلی	 
صورَتی	
رَقص	 
صابون	
صَندوق	
صَدَف	 

Lesson 29

2. Rearrange the words in each set to create a meaningful sentence.

۲. ترتیب کلمه‌ها را طوری عوض کن که جمله معنی‌دار بسازی.

سال - هَر - فَصل - دارَد - چَهار

صَبر - بَچّه‌ها - کَردَند - دَر - صَف

مَن - صابون - دَستَم - را - می‌شویَم - با

خوردَم - مَن - را - کِیک - نِصفِ

۳. کلمه را بلند بخوان و هرکدام از صداهایش را در یک جای خالی بنویس.

3. Sound out the words and write each sound in a separate space.

صِفر

صِدا

صورَت

۴. هر شکل را به صدای اول اسمش وصل کن.

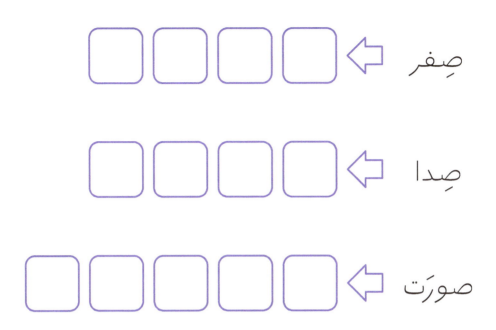

4. Connect each image to the starting sound of its name.

ص

س

درس ۳۰

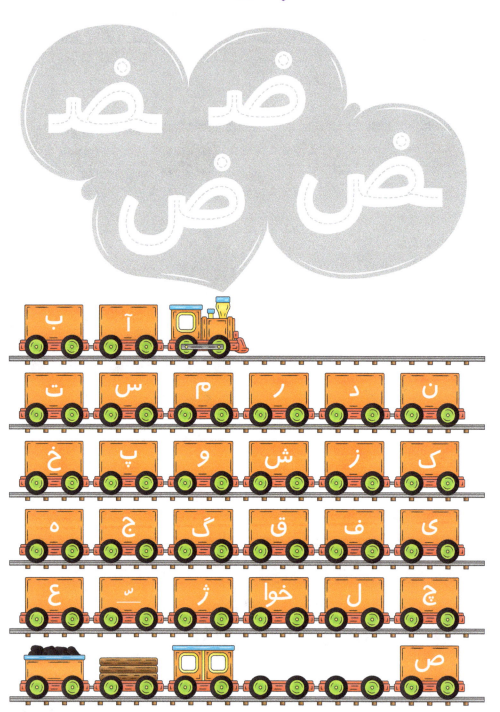

روی خطچین‌ها را در جهت فلش پر کن.
از روی شکل نمونه چند بار دیگر هم بنویس.

Trace the shapes by following the arrow.
Then practice more by copying the examples.

ضـ ـضـ ـض ض

ضـ - ضـ - ضـ

ـضـ - ـضـ - ـضـ

ـض - ـض - ـض

ض - ض - ض

حرف **ض** را با شکل(های) درست هر صدا ترکیب کن و بنویس.

Write the correct combination(s) of **ض** with each vowel.

ضـ	ضـ	ضـ	ضـ	ضـ	ضـ
+	+	+	+	+	+
اَ ـَ	او ـو و	ایـ یـ ی ی	آ ـا ا	اِ ـِ ـه ه	اُ ـُ
ضَـ					

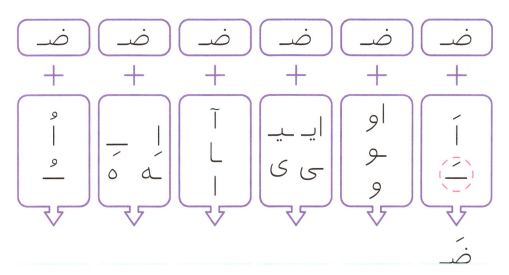

تمرین‌ها

۱. اسم هر شکل را بنویس. برای کمک می‌توانی از کلمه‌های روبرو استفاده کنی.

2. Write the name of each image using a word from the list.

مَریض

ریاضی

فَضانَوَرد

ضَربدَر

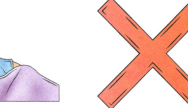

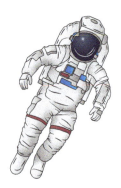

2. Connect the words with opposite meanings. ۲. کلمه‌های مخالف را به هم وصل کن.

ضَعیف ○   ○ سالِم

صُبح ○   ○ عَجَله

مَریض ○   ○ قَوی

صَبر ○   ○ شَب

Lesson 30

دیکته

۳. جمله‌های زیر را بخوان و کلمه‌هایی که **ض** دارند را در جای خالی پایین صفحه بنویس.

3. Practice reading aloud and write any word that has the letter **ض** in the provided space, below.

مَن یِک گُربه دارم.

او موقعِ ناهارِ کِنارِ پایِ مَن نِشَست.

مَن اَز اِضافیِ کَبابَم به او دادَم.

بابا گُفت: «زیاد به گُربه کَباب نَده،

چون مُمکِن اَست مَریض شَوَد.»

درس ۳۱

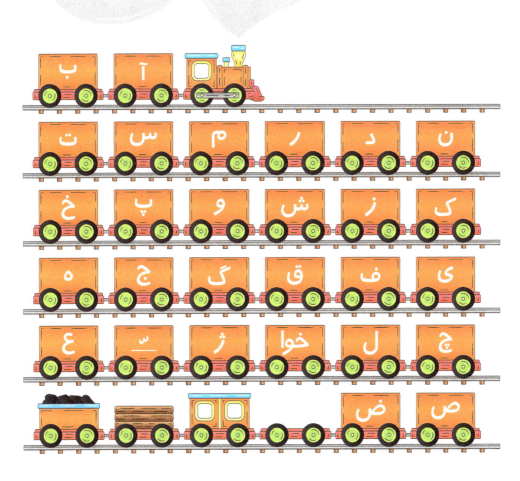

Trace the shapes by following the arrow.
Then practice more by copying the examples.

روی خطچین‌ها را در جهت فلش پر کن.
از روی شکل نمونه چند بار دیگر هم بنویس.

حـ - حـ - حـ

ـحـ - ـحـ - ـحـ

ـح - ـح - ـح

ح - ح - ح

Write the correct combination(s) of ح with each vowel.

حرف ح را با شکل(های) درست هر صدا ترکیب کن و بنویس.

حـ	حـ	حـ	حـ	حـ	حـ
+	+	+	+	+	+
او ـو و	اِ ـِ ـه ه	آ ـا ا	ایـ ـیـ ی ی	اُ ـُ	اَ ـَ
حو					

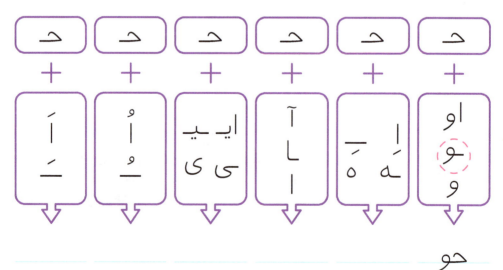

تمرین‌ها

1. Write the name of each image using a word from the list.

۱. اسم هر شکل را بنویس. برای کمک می‌توانی از کلمه‌های روبرو استفاده کنی.

حِیوان
حَشَره
حوله
حَمّام
صُبح
حَرف

آ ب پ ت ث ج چ ح
خ د ذ ر ز ژ س ش
ص ض ط ظ ع غ ف ق
ک گ ل م ن و ه ی

Lesson 31

۲. کلمه‌های زیر را بخوان تا جفت‌های مربوط به هم را پیدا کنی و زیر هم بنویسی.

2. Read the words to find the related pairs. Write each pair in a box.

حَلَزون   حوله   حَرف   صُبح
حَمّام   صُبحانه   حُروف   تِمساح

۳. با نوشتن حرف مناسب در جای خالی، کلمه‌های زیر را کامل کن.

3. Use the correct letter to complete each word.

تَفریح   حَرِکَت   صُبح   صُحبَت   صَحرا   حِیوان

صُبـ ___   صُـ ___ بَت   تَفری ___

___ ـیوان   صَ ___ را   ___ ـرِکَت

دیکته

۴. این جمله‌ها را بخوان و با گذاشتن شماره ۱ تا ۶، ترتیب آنها را درست کن.

4. These sentences are out of order Read and place a number from 1 to 6 next to each to correct the order.

به مَدرسه رَفتَم.

دَندان‌هایَم را با دِقَّت مِسواک زَدَم.

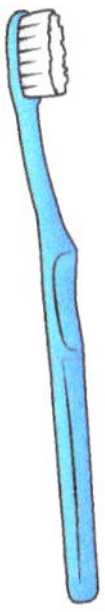

اِمروز صُبح زود بیدار شُدَم.

دَر زَنگِ تَفریح با دوستَم حَرف زَدَم وَ بازی کَردَم.

بَرای صُبحانه نان وَ پَنیر با چای خوردَم.

بَعد صورَتَم را با حوله خُشک کَردَم.

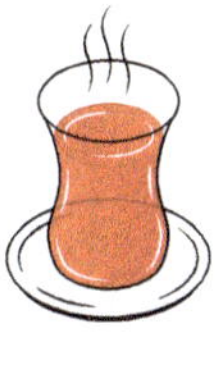

درس ۳۲

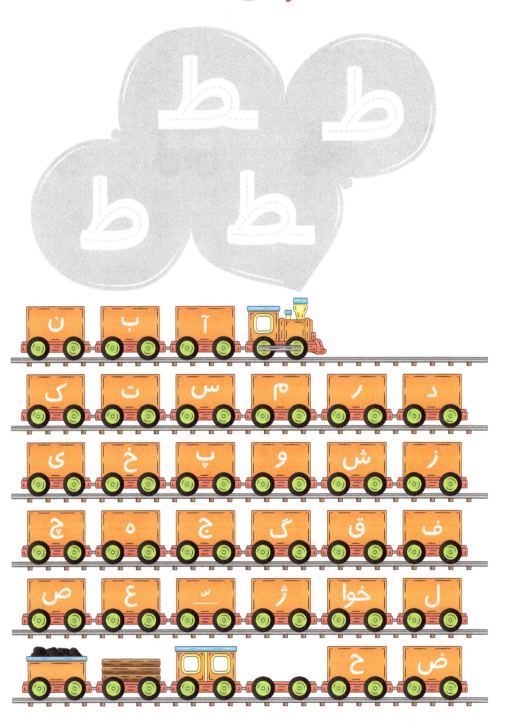

Trace the shapes by following the arrow.
Then practice more by copying the examples.

روی خط‌چین‌ها را در جهت فلش پر کن.
از روی شکل نمونه چند بار دیگر هم بنویس.

ط ـ ط ـ ط

ـطـ ـطـ ـطـ

طـ طـ طـ

ـط ـط ـط

Write the correct combination(s) of ط with each vowel.

حرف ط را با شکل(های) درست هر صدا ترکیب کن و بنویس.

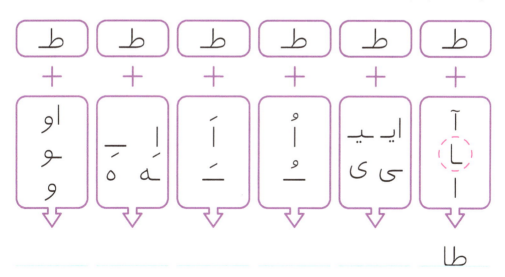

ط +	ط +	ط +	ط +	ط +	ط +
آ ـا ا	ایـ یـ ی ی	اُ ـُ	اَ ـَ	اِ ـِ ـه ه	او ـو و
طا					

تمرین‌ها

۱. هر تصویر را به اسمش وصل کن.

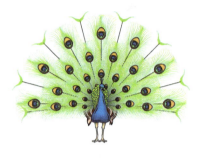

1. Connect each image to its name.

طوطی

مُستَطیل

طَلا

طاووس

وَسَط

۲. اسم هر شکل را بنویس. برای کمک می‌توانی از کلمه‌های روبرو استفاده کنی.

2. Write the name of each image using a word from the list.

خَیّاط

قَطار

طَبل

سَطل

قَطره

طَناب

دیکته

3. Practice reading aloud and circle any word that has the letter ط.

۳. جمله‌های زیر را بخوان
و دور کلمه‌هایی که ط دارند خط بکش.

مُعَلِّم به ما بازی وَسَطی یاد داد.

ما دَر حَیاطِ مَدرِسه دو گُروه شُدیم.

گُروهِ دیگَر توپ را به طَرَفِ ما پَرت کَرد.

مُعَلِّم گُفت توپ فَقَط به پایِ بَچّه‌ها بُخورَد.

اَگَر توپ به سَرِ کَسی بُخورَد، خَطَرناک اَست.

درس ۳۳

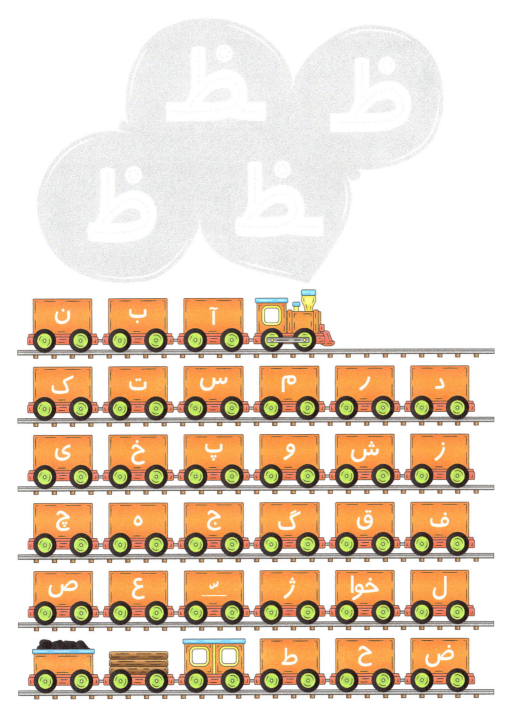

Trace the shapes by following the arrow.
Then practice more by copying the examples.

روی خط‌چین‌ها را در جهت فلش پر کن.
از روی شکل نمونه چند بار دیگر هم بنویس.

ظ ـ ظ ـ ظ
ـظ ـ ـظ ـ ـظ
ـظ ـ ظ ـ ظ
ظ ـ ظ ـ ظ

Write the correct combination(s) of ظ with each vowel.

حرف ظ را با شکل(های) درست هر صدا ترکیب کن و بنویس.

ظ +	ظ +	ظ +	ظ +	ظ +	ظ +
اَ ـَ	او ـو و	ایـ ـیـ ی ی	اِ ـِ ـه ه	آ ـا ا	اُ ـُ
ظَ					

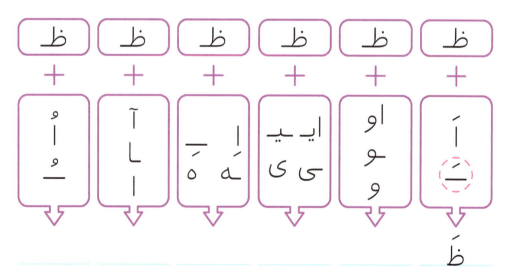

تمرین‌ها

۱. هر تصویر را به کلمه‌ی مربوطش وصل کن.

1. Connect each image to the relevant word.

خُداحافِظی

ظَرف

ظُهر

مُواظِب

دیکته

2. Fill the blank using the correct word, then read each completed sentence.

۲. در هر جای خالی کلمه‌ی مناسب را بنویس و جمله‌ی کامل شده را بخوان.

ظَرف‌های مُواظِبَت طولانی طَبَقه مُواظِب

اُردَک اَز جوجه‌هایَش ______ می‌کُنَد.

مَن ______ بَرادَرِ کوچَکَم هَستَم.

قَطار خیلی ______ اَست.

پِدَر ______ شام را جَمع کَرد.

خانه‌ی ما دو ______ اَست.

3. Complete each word using the correct letter.

۳. در جای خالی، حرف مناسب را بنویس.

وَظیفه	نِظافَت	حِفظ	مُنتَظِر
خُداحافِظی	نَظم	ناظِم	ظُهر

خُداحافِ ___ ی   ___ ـهر   مُنتَ ___ ر

نَ ___ م   حِف ___   وَ ___ یفه

نا ___ م   نِ ___ افَت

4. Read the words in each column. Draw a line to connect pairs that are related.

۴. کلمات هر ستون را بخوان. جفت‌هایی که به هم ربط دارند را با خط به هم وصل کن.

ظُهر ○	○ شام
صُبح ○	○ عَصرانه
شَب ○	○ صُبحانه
عَصر ○	○ ناهار

درس ۳۴

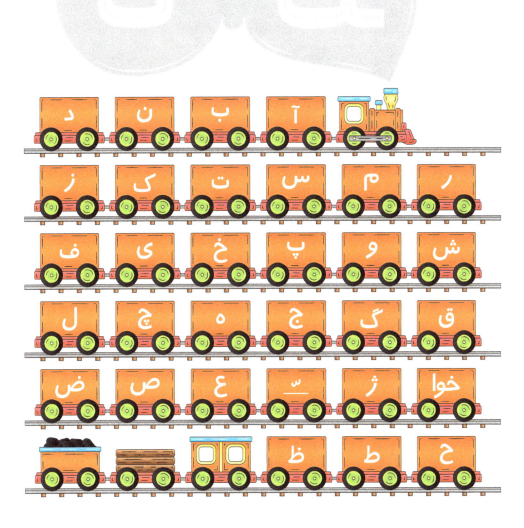

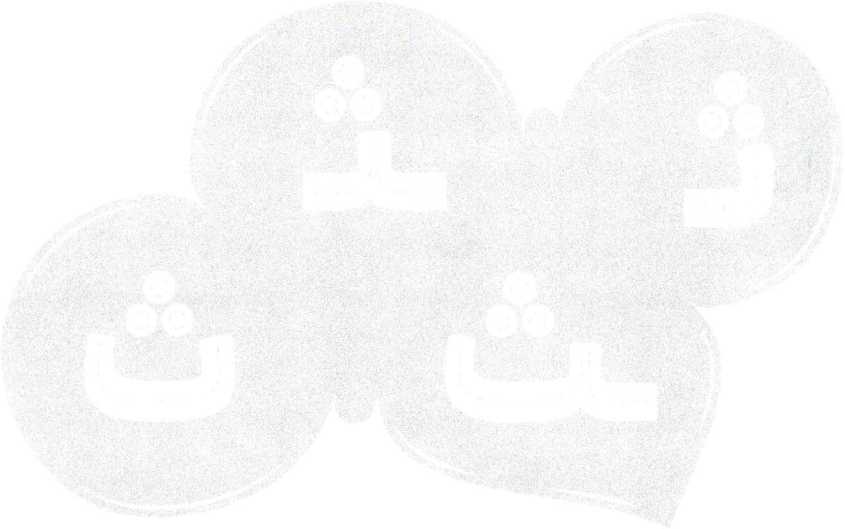

Lesson 34

Trace the shapes by following the arrow.
Then practice more by copying the examples.

روی خطچین‌ها را در جهت فلش پر کن.
از روی شکل نمونه چند بار دیگر هم بنویس.

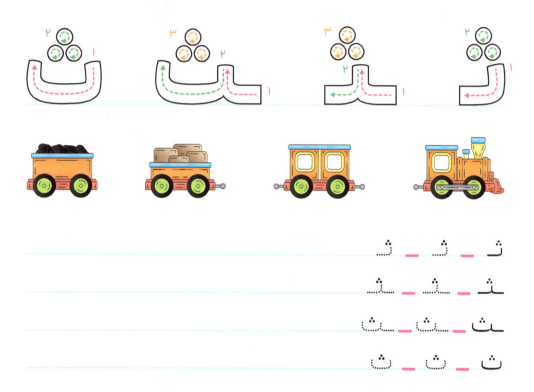

ثـ ـثـ ـث ث

ثـ ثـ ثـ

ـثـ ـثـ ـثـ

ـث ـث ـث

ث ث ث

Write the correct combination(s) of ث with each vowel.

حرف ث را با شکل(های) درست هر صدا ترکیب کن و بنویس.

ثـ +	ثـ +	ثـ +	ثـ +	ثـ +	ثـ +
آ ـا ا	اِ ـِ ـه ه	ایـ یـ ی ی	اُ ـُ	اَ ـَ	او ـو و
ثا					

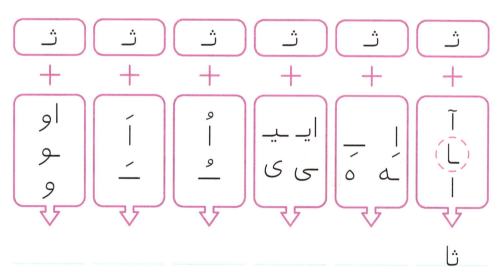

تمرین‌ها

۱. اسم هر شکل را بنویس. برای کمک می‌توانی از کلمه‌های روبرو استفاده کنی.

1. Write the name of each image using a word from the list.

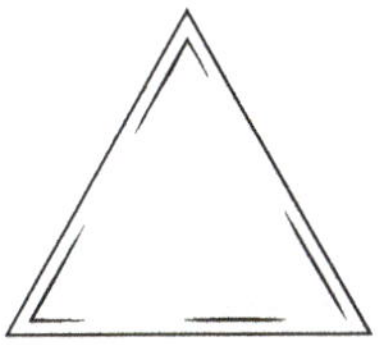

مُثَلَّث

کَثیف

لَثه

ثانیه

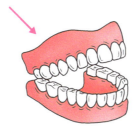

۲. با گذاشتن نقطه کلمه‌ها را کامل کن و بلند بخوان.

2. Add the missing dots to complete each word and read.

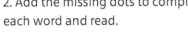

کَسڡ

حَٮر

ٮُرٮِڡال

ٮِرِح

3. Sort the words based on the type S letters.

۳. کلمه‌های زیر را دسته‌بندی کن.

سِکّه ثانیه صَندَلی کَثیف گیلاس

اُستِخوان صورَتی ثُرَیّا صابون

ثـ ـثـ ـث ث	صـ ـصـ ـص ص	سـ ـسـ ـس س

دیکته

۴. از روی جمله‌های زیر بلند بخوان و دور کلمه‌هایی که ث دارند خط بکش.

4. Practice reading aloud and circle any word that has the letter ث.

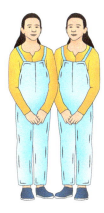

ثُرَیّا یِک خواهَرِ دو قُلو دارَد.

آنها مِثلِ هَم لِباس می‌پوشَند.

مَن با کَفشِ کَثیف رویِ فَرش راه نمی‌رَوَم.

لَثه، دَندان را مُحکَم نِگاه می‌دارد.

درس ۳۵

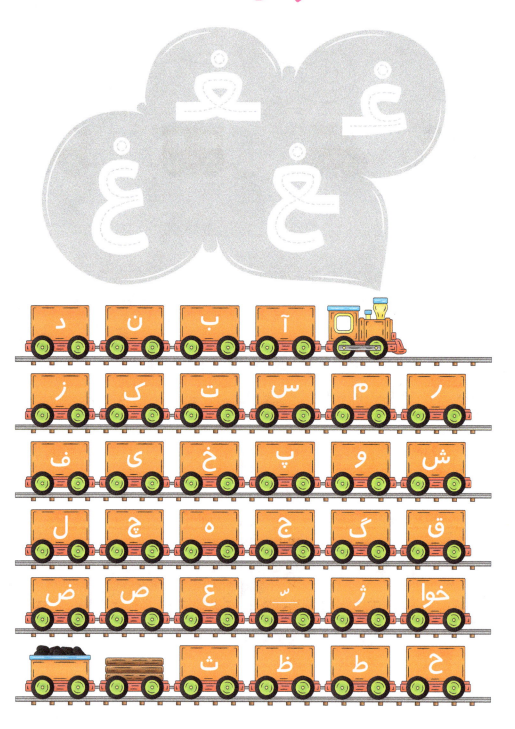

روی خط‌چین‌ها را در جهت فلش پر کن.
از روی شکل نمونه چند بار دیگر هم بنویس.

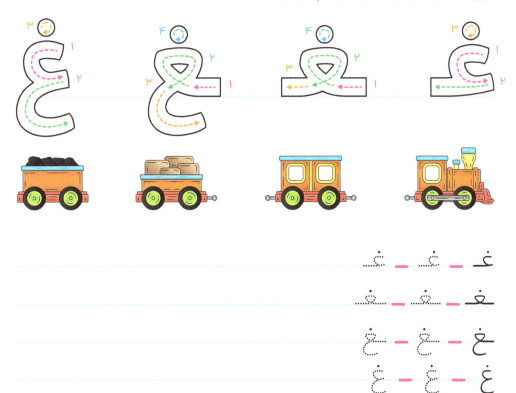

Trace the shapes by following the arrow.
Then practice more by copying the examples.

غـ ـ غـ ـ غـ

ـغـ ـ ـغـ ـ ـغـ

ـغ ـ ـغ ـ ـغ

غ ـ غ ـ غ

حرف **غ** را با شکل(های) درست هر صدا ترکیب کن و بنویس.

Write the correct combination(s) of **غ** with each vowel.

غـ	غـ	غـ	غـ	غـ	غـ
+	+	+	+	+	+
اَ ـَ	ایـ ـیـ ـی ی	اِ ـِ ـه ه	او ـو و	اُ ـُ	آ ـا ا
غَـ					

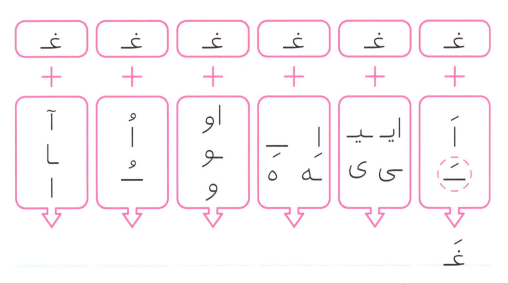

تمرین‌ها

۱. اسم هر شکل را بنویس. برای کمک می‌توانی از کلمه‌های روبرو استفاده کنی.

1. Write the name of each image using a word from the list.

مُرغ

غَذا

کَلاغ

غاز

چِراغ

قورباغه

دیکته

2. Fill the blank using the correct word, then read each completed sentence.

۲. جاهای خالی را با کلمه‌های مناسب پر کن و جمله‌های کامل شده را بخوان.

مَغازه   چِراغ   شُلوغ

چِرا _____ روشَن کَردی؟

چون تاریک اَست.

چِرا خیابان _____ اَست؟

چون تَصادُف شُده.

چِرا _____ بَسته اَست؟

چون روزِ تَعطیل اَست.

3. Write meaningful sentences, using each word.

۳. با استفاده از این کلمه‌ها جمله بساز.

چراغِ راهنَما

کَلاغ

داغ

درس ۳۶

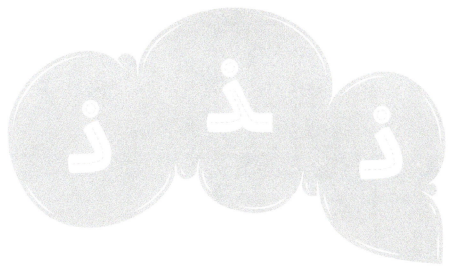

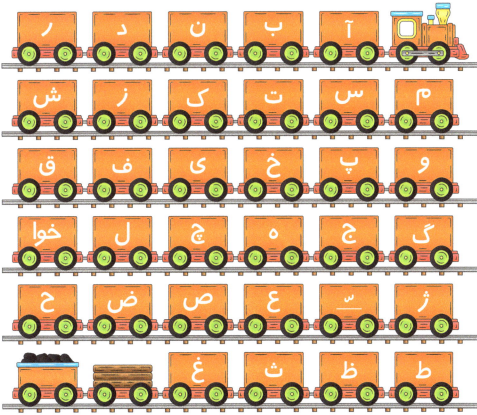

Lesson 36

Trace the shapes by following the arrow.
Then practice more by copying the examples.

روی خطچین‌ها را در جهت فلش پر کن.
از روی شکل نمونه چند بار دیگر هم بنویس.

ذ ـ ذ ـ ذ

ـذ ـ ـذ ـ ـذ

ذ ـ ذ ـ ذ

Write the correct combination(s) of ذ with each vowel.

حرف ذ را با شکل(های) درست هر صدا ترکیب کن و بنویس.

ذ	ذ	ذ	ذ	ذ	ذ
+	+	+	+	+	+
اَ ـَ	اِ ـِ ـه ه	آ ـا ا	ایـ ـیـ ی ی	اُ ـُ	او ـو و
ذَ					

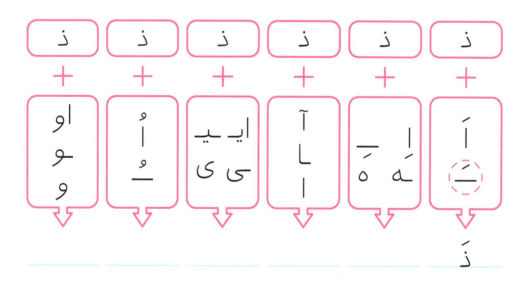

تمرین‌ها

۱. اسم هر شکل را بنویس. برای کمک می‌توانی از کلمه‌های روبرو استفاده کنی.

1. Write the name of each image using a word from the list.

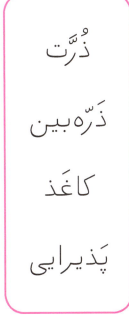

ذُرَّت

ذَرّه‌بین

کاغَذ

پَذیرایی

۲. با نوشتن حرف مناسب در جای خالی، کلمه‌های زیر را کامل کن.

2. Use the correct letter to complete each word.

اَذیَّت لَذیذ گُذاشت آذَر پَذیرایی لِذَّت

پَـ یرایی اَ یَّت گُـ اشت

لَـ یـ آ ر لِـ ت

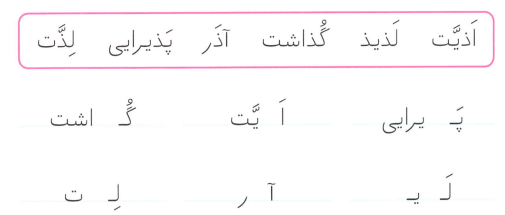

۳. یکی از حروف " ذ ز ض ظ " را در جاهای خالی بنویس. سپس مانند نمونه رنگ کن.

3. Write letters **ذ ز ض ظ** in blank spaces then color as shown.

ز	ظ	ذ	ض
زَرد	آبی	صورَتی	سَبز

ضَرب

رّافه

ـهر

رَّت

خُداحافِ ی

مَریـ

دیکته

۴. در هر جای خالی کلمه‌ی مناسب را بنویس و جمله‌ی کامل شده را بخوان.

4. Fill the blank using the correct word, then read each completed sentence.

اَذیَّت   ذُرَّت   خداحافِظی   ذَرّه‌بین

با ________ مورچه‌ها را نِگاه کَردیم.

مادَربُزُرگ با ________ یک غَذایِ لَذیذ دُرُست کَرد.

او اَز مُعَلِّم ________ کَرد.

مَن حِیوان‌ها را ________ نِمی‌کُنَم.

آ	اَلِف
ب	به
پ	په
ت	ته
ث	ثه
ج	جیم
چ	چه
ح	حه
خ	خه
د	دال
ذ	ذال
ر	ره
ز	زه
ژ	ژه
س	سین
ش	شین
ص	صاد
ض	ضاد
ط	طا
ظ	ظا
ع	عِین
غ	غِین
ف	فه
ق	قاف
ک	کاف
گ	گاف
ل	لام
م	میم
ن	نون
و	واو
هـ	هه
ی	یه

اعداد

یازده	۱۱	11
دَوازده	۱۲	12
سیزده	۱۳	13
چهارده	۱۴	14
پانزده	۱۵	15
شانزده	۱۶	16
هِفده	۱۷	17
هِجده	۱۸	18
نوزده	۱۹	19
بیست	۲۰	20

یِک	۱	1
دو	۲	2
سه	۳	3
چهار	۴	4
پنج	۵	5
شِش	۶	6
هَفت	۷	7
هَشت	۸	8
نُه	۹	9
دَه	۱۰	10

۱ _ ۱ _ ۱

۲ _ ۲ _ ۲

۳ _ ۳ _ ۳

۴ _ ۴ _ ۴

۵ _ ۵ _ ۵

۶ _ ۶ _ ۶

۷ _ ۷ _ ۷

۸ _ ۸ _ ۸

۹ _ ۹ _ ۹

۱۰ _ ۱۰ _ ۱۰

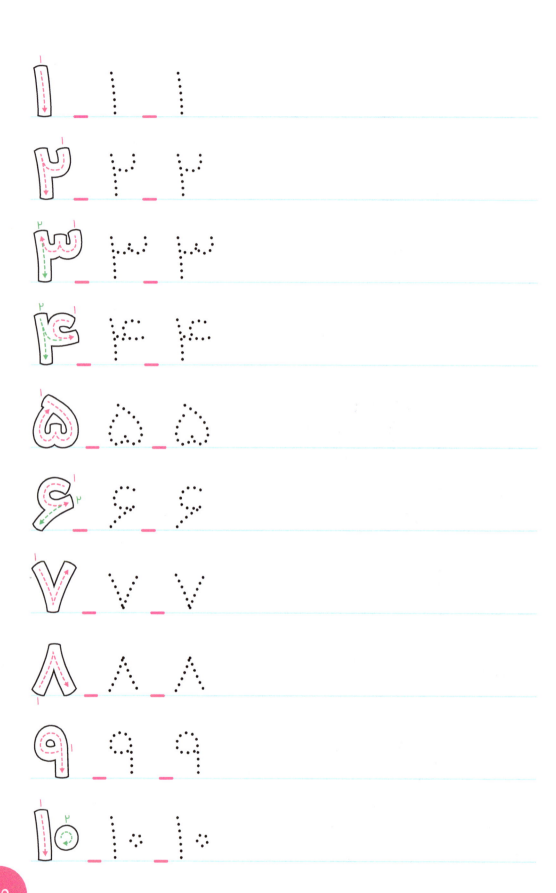

۱۱ _ ۱۱ _ ۱۱

۱۲ _ ۱۲ _ ۱۲

۱۳ _ ۱۳ _ ۱۳

۱۴ _ ۱۴ _ ۱۴

۱۵ _ ۱۵ _ ۱۵

۱۶ _ ۱۶ _ ۱۶

۱۷ _ ۱۷ _ ۱۷

۱۸ _ ۱۸ _ ۱۸

۱۹ _ ۱۹ _ ۱۹

۲۰ _ ۲۰ _ ۲۰

Congratulations for learning
the entire Persian alphabets.
Enjoy the last passage of this textbook.

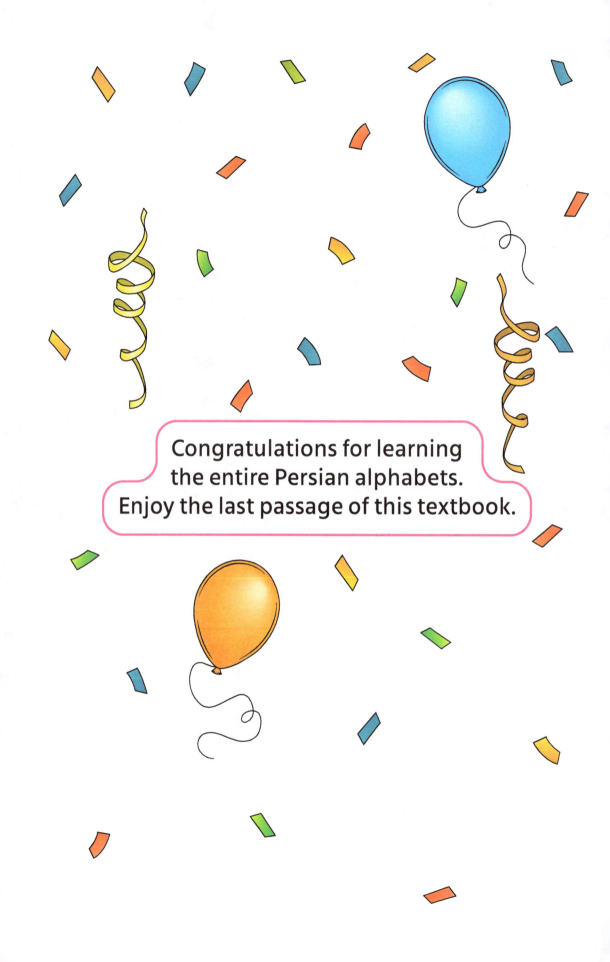

مَن خوشحالَم که اَلِفبایِ فارسی را یاد گِرِفتَم.
با کُمَکِ مُعَلِّمِ مِهربان کِتاب را تِمام کَردَم.
حالا می‌توانَم فارسی بِخوانَم وَ بِنِویسَم.
مَن دَر کِلاسِ فارسی دوست‌هایِ جَدید پِیدا کَردَم.
مَن دوست دارَم که زَبانِ فارسی را بیشتَر یاد بِگیرَم.

For more Persian language educational resources, please visit:

برای دیگر منابع آموزشی زبان فارسی،
لطفا به آدرس زیر مراجعه کنید:

www.chicagopersianschool.org

All rights reserved. No part of this book may be reprinted or reproduced or utilized in any form or by any electronic, mechanical, or other means, now known or hereafter invented, including photocopying and recording, or in any information storage or retrieval system, without permission in writing from the publishers.

حق چاپ و نشر محفوظ و متعلق به مدرسه فارسی شیکاگو می باشد. هیچ بخش یا جزئی از کتاب به هر شکل، از جمله عکس برداری و فتوکپی الکترونیکی یا غیر الکترونیکی، تکثیر، بازنویسی، خلاصه برداری، در هر قالب از جمله کتاب، جزوه، لوح فشرده، با استفاده از فن آوری های امروزی یا آنچه در آینده ابداع خواهد شد، بدون اجازه کتبی ناشر مجاز نیست.